Knaur
MensSana

Von Josef Kirschner sind außerdem erschienen:

Manipulieren – aber richtig
Die Kunst, ein Egoist zu sein
Das Lebenstraining
Die Kunst, ohne Überfluß glücklich zu leben
Die Kunst, ohne Angst zu leben
So hat man mehr Spaß am Sex
So planen Sie Ihr Leben richtig
Die Kunst, glücklich zu leben
So wehren Sie sich gegen Manipulation
So nutzen Sie Ihre eigenen Kräfte besser
So machen Sie auf sich aufmerksam
So lernen Sie, sich selbst zu lenken
So lernen Sie, sich selbst zu lieben

Über den Autor:

Josef Kirschner, Jahrgang 1931, hat zwei Söhne und Enkelkinder und lebt heute mit seiner Familie in einem Bauernhaus in Österreich. Nach einer steilen Karriere vom Stahlarbeiter zum Reporter, Chefredakteur, Lehrbeauftragten an der Wiener Universität und Berater von Managern und Sportlern ist sein Spezialbereich heute der Aufbau von Selbsthilfegruppen.
Sein Credo für das 21. Jahrhundert lautet: »Der wahre Fortschritt unserer Zeit ist die Rückkehr zu sich selbst.«

Josef Kirschner

So siegt man, ohne zu kämpfen

Die 13 Strategien gegen die Aggression im Alltag

Besuchen Sie uns im Internet:
www.droemer-weltbild.de

Vollständige Taschenbuchausgabe 2001
Droemersche Verlagsanstalt Th. Knaur Nachf., München
Copyright © 1998 F. A. Herbig Verlagsbuchhandlung, München
Alle Rechte vorbehalten. Das Werk darf – auch teilweise –
nur mit Genehmigung des Verlages wiedergegeben werden.
Umschlaggestaltung: ZERO Werbeagentur, München
Umschlagabbildung: Zefa, Düsseldorf
Satz und Herstellung: Barbara Rabus, Sonthofen
Druck und Bindung: Clausen & Bosse, Leck
Printed in Germany
ISBN 3-426-87102-5

2   4   5   3   1

Für alle, die es satt haben,
immer nur für andere zu kämpfen.
Aus Angst davor, das Risiko
des Siegens selbst zu tragen
und den Triumph allein auszukosten.

Inhalt

Wie man einen Gegner sich selbst besiegen lässt   9

So spielt man das faszinierende Spiel seines Lebens   16

TEIL I

**Sieben Siege, die jeder in seinem Leben
erringen sollte**   21

1 Der Sieg über den Zwang, unbedingt siegen
zu müssen   23

2 Der Sieg über das Misstrauen gegen sich selbst   28

3 Der Sieg über die Moral, der wir niemals gerecht
werden können   35

4 Der Sieg über das Prinzip von Schuld und Sühne   41

5 Der Sieg über die Angst vor dem Schlimmsten   47

6 Der Sieg über die Grenzen unserer Phantasie   52

7 Der Sieg über die Allmacht der Vernunft   58

TEIL II

**Sechs Widerstände, die dem Siegen
im Wege stehen**   63

1 Die Zweifel an den unbegrenzten Möglichkeiten,
die in jedem von uns stecken und nur darauf
warten, genützt zu werden   65

2 Die Bequemlichkeit, nicht für sich selbst zu denken . .   72

3 Die Angst vor Strafe und das Bedürfnis nach Lob ... 79

4 Das arglose Vertrauen in die Versprechungen
   der anderen 84

5 Die Hoffnung, dass sich irgendetwas ohne unser
   Zutun zum Besseren ändert 90

6 Die Illusion von Frieden und Liebe auf der Welt 96

Teil III
Dreizehn Strategien des Siegens, ohne zu kämpfen ... 101

1 Die Strategie des Lebens im Jetzt 103

2 Die Strategie des Verzichtens 110

3 Die Strategie zur Mobilisierung
   der eigenen Kräfte 116

4 Die Strategie des Handelns ohne Schuldgefühle 123

5 Die Strategie der harmonischen Einheit 129

6 Die Strategie des inneren Spiels 137

7 Die Strategie, jeden Angriff ins Leere zu lenken 143

8 Die Strategie des Wartens ohne Angst 149

9 Die Strategie der eigenen Wahrheit 156

10 Die Strategie der Ruhe in der Bewegung 162

11 Die Strategie der einen Chance 168

12 Die Strategie des Urteils ohne Vorurteil 175

13 Die Strategie des großen Plans und der
   kleinen Schritte 180

Die endgültige Ermunterung zum Siegen,
ohne zu kämpfen 187

Nachwort 190

Wie man einen Gegner sich selbst besiegen lässt

Haben Sie schon einmal daran gedacht, warum wir alle so wild darauf sind, bei anderen Leuten Fehler zu finden und damit groß aufzutrumpfen?

Ganz einfach: Wir wollen uns durch die Erniedrigung eines anderen selbst erhöhen. Wenn wir sagen: »Das hast du wieder einmal völlig falsch gemacht«, wollen wir demonstrieren, dass wir besser sind.

Im Grunde genommen ist das eine ganz miese Art, glücklich, erfolgreich und anerkannt zu sein. Finden Sie nicht auch? Wer wirklich gut ist, braucht niemanden, der es ihm bestätigt. Er braucht niemanden, auf dessen Kosten er sich in Szene setzt.

Ich meine: Wer einem anderen Menschen eine Niederlage zufügen muss, um sich selbst als Sieger zu bestätigen, der kann gar kein richtiger Sieger sein. Er ist in Wahrheit vom Verlierer abhängig. Wenn es keinen Verlierer gäbe, wäre der Sieger gar kein Sieger.

»Wenn das so ist«, werden Sie vielleicht jetzt neugierig fragen, »wer ist dann ein wirklicher Sieger?«

Ein wirklicher Sieger ist einer, der keinen Verlierer braucht. Er braucht nur sich selbst. Wer einen Sieg gegen sich selbst erringt, braucht nicht gegen jemand anderen zu kämpfen. Selbst eine Verteidigung gegen den Angriff eines anderen ist nicht notwendig.

Versuchen Sie doch einmal, sich folgende Situation vorzustellen: Sie gehen abends durch den Park. Da tritt Ihnen unerwartet ein Bursche mit strähnigen Haaren, schmutzigen Fingernägeln und einem Messer in der Faust entgegen.

Er sagt: »Gib deine Brieftasche raus, oder ich mache dich kalt.« Er sagt es so cool, dass kein Zweifel darüber besteht, wie ernst er es meint.

Sie stehen da und bewegen sich nicht. Sie lächeln vielleicht sogar ein wenig. Da wird der Junge ungemütlich und schreit nervös: »Los, mach schon, sonst fließt Blut.« Aber weil Sie auch weiter keine Anstalten machen, die Brieftasche herauszurücken, sticht er zu.

Er trifft Sie allerdings nicht, weil Sie sich blitzschnell zur Seite drehen. Der Angriff geht ins Leere, der Angreifer taumelt. Die Kraft des Stoßes hat ihn aus dem Gleichgewicht gebracht.

Er fängt sich jedoch wieder und blickt Sie erstaunt an, wie Sie dastehen, als ginge Sie die ganze Sache überhaupt nichts an. Es scheint, als wäre der Mann jetzt seiner Absicht nicht mehr sicher. Aber irgendetwas – vielleicht ist es verletzter Stolz, vielleicht Zorn – veranlasst ihn, seinen Angriff zu wiederholen.

Diesmal führt er einen kräftigen Stoß gegen Ihre Kehle. Aber eine kaum merkliche Drehung Ihres Körpers lässt auch diesen Versuch ins Nichts gehen. Der Mann stürzt jetzt zu Boden, seine eigene Aggression hat ihn mitgerissen. Hilflos blickt er zu Ihnen hoch, was Sie unternehmen werden. Treten Sie ihn mit dem Schuh ins Gesicht, oder halten Sie ihn fest, bis die Polizei kommt?

Sie tun keines von beidem. Sie geben dem Bedürfnis nach Rache oder Vergeltung nicht nach, sondern drehen sich um und gehen fort, ohne sich umzusehen. In Ihrem Gesicht ist ein Ausdruck, als hätte Ihnen jemand gerade einen mäßig lustigen Witz erzählt. Ihre Gedanken sind frei von Angst und Zorn.

Was halten Sie von dieser Geschichte, die eher nach einem erfundenen Fernsehkrimi klingt als nach dem realistischen Alltag?

Sie ist ein Beispiel, wie man ohne zu kämpfen einen Sieg erringt, bei dem es keinen Verlierer gibt. Der Angreifer besiegt sich durch seine Aggression selbst, Sie haben dabei nicht einmal die Hand gegen ihn erhoben.

Sie selbst besiegen Ihre eigene Angst, den Zorn und auch das Bedürfnis nach Rache. Es gibt weder Schuld noch Sühne, der Angriff fand keinen Widerstand.

Das ist es, was man unter »Siegen, ohne zu kämpfen« versteht. Wobei die Geschichte mit dem Messer natürlich nur ein besonders drastisches Beispiel darstellt. Die tatsächlichen Kämpfe des Alltagslebens finden auf ganz anderen Schauplätzen statt, die uns allen geläufig sind und denen wir uns kaum entziehen können:

- In der Familie zwischen Mann und Frau, Eltern und Kindern und den Geschwistern untereinander.
- In der Schule, wo Lehrer und Schüler gegeneinander antreten, im Bemühen, sich gegen den anderen durchzusetzen.
- In der Firma, wo der Vorgesetzte den Untergebenen gegen seine Kollegen ausspielt, um aus diesem Wettbewerb mehr Leistung und größeren Nutzen für sich selbst herauszuholen.
- Auf dem Fernsehschirm, wo die Werbung den Konsumenten so lange als Tölpel hinstellt, bis er sich endlich entschließt, das angebotene Produkt zu kaufen.

Der tägliche Kampf ist schließlich auch im Gange zwischen Staat und Bürgern, Bürokraten und Bittstellern, Patienten und Ärzten, Moralhüter und Sünder, Politiker und Wähler und so weiter und so fort.

Wie reagieren wir gewöhnlich auf diese Angriffe, die Stunde um Stunde das ganze Leben lang auf uns niederprasseln wie ein heftiger Gewitterregen? Wir kämpfen wie die Verrückten. Wir verteidigen unseren guten Ruf, auch wenn wir gar keinen haben. Wir kämpfen um unser Recht, um unsere Ehre, um unser Geld, unseren Besitz und den verletzten Stolz, was immer das auch sein mag.

Wir kämpfen und kämpfen, aber wir haben nicht die geringste Chance auf einen Sieg. Denn solange wir den Begriffen »guter Ruf«, »Stolz«, »Besitz« oder »Ehre« eine so große Bedeutung zumessen, wird es immer jemanden geben, der uns genau hier angreift und uns damit gefügig machen und für seine Zwecke gebrauchen will. Uns bleibt dann gar nichts anderes übrig, als uns dem Kampf zu stellen.

Was hat dieses ewige Kämpfen in unserem Leben oder am Lauf der großen Welt zum Besseren verändert? Sind Sie besonders glücklich geworden, weil Sie einen Gegner, einen Kollegen vielleicht, oder den störrischen Ehepartner in die Schranken gewiesen haben?

Vor einiger Zeit hat man uns wieder einmal aufgerufen, gegen den Hunger der Menschen in Afrika zu kämpfen. Von Los Angeles bis Brunsbüttel war sofort die Schlacht des Mitleids voll im Gange, in der sich die Besitzenden ihr Schuldgefühl von der Seele spendeten. Wo aber blieb der Sieg in diesem Weltkrieg der Scheinheiligkeit? Gibt es jetzt keinen Hunger mehr in Afrika, oder wurde bei den Menschen dort bloß eine falsche Hoffnung erweckt?

Bisweilen geben wir auch vor, für den Frieden in der Welt zu streiten oder für die Liebe der Menschen zueinander. Dann erleben wir gelegentlich das interessante Bild, dass sich die Streiter für Liebe und Frieden gegenseitig die Schädel einschlagen.

Im Namen der christlichen Nächstenliebe wurden mehr Menschen umgebracht als im Zeichen von Hammer und Sichel oder des Hakenkreuzes. Darüber sind sich die Historiker einig.

Wohin wir auch blicken, wir finden nichts, was sich durch den ewigen Kampf für eine bessere Welt zum Besseren verändert hätte. Es gibt so viel Hass, Unrast, Unterdrückung und Unmenschlichkeit wie immer schon. Ganz davon abgesehen, dass sich in dieser so eifrig um Liebe und Frieden besorgten Welt im Laufe der Jahre genug Waffen angesammelt haben, mit denen sich die gesamte Menschheit hundert oder tausend Mal selbst vernichten könnte.

Vermutlich ist gerade jetzt die Zeit gekommen, das Kämpfen einmal gründlich in Frage zu stellen. Dieses Buch handelt von nichts anderem als davon, wie jeder Einzelne von uns es in seinem Alltag ausprobieren könnte.

Sicherlich, wer die hohe Kunst des »Siegens, ohne zu kämpfen« lernen will, der lässt sich auf ein gewaltiges Wagnis ein. Sein ganzes Leben kann sich dadurch völlig verändern. Freunde könnten ihn für verrückt erklären. Er könnte seinen Job kündigen, sich vom Ehepartner trennen und ein völlig anderer Mensch werden.

Ein anderer?

Vielleicht wird er erst jetzt jener Mensch, der er immer schon war, ohne es zur Kenntnis zu nehmen. Er hat das bisherige Dasein nur damit zugebracht, darum zu kämpfen, ein ganz anderer als er selbst zu sein.

Das »Siegen, ohne zu kämpfen« ist eine elitäre Verhaltensstrategie für Menschen, die es satt haben, immer nur für andere zu kämpfen, aus Angst davor, die Verantwortung für die großen Siege in ihrem Leben selbst zu übernehmen.

Es ist eine Strategie, die einfach und selbstverständlich klingt. Das ist sie auch. Vorausgesetzt, man hat begriffen, worum es geht, und ist bereit, sich für den Rest seines Lebens damit zu beschäftigen.

Zu den klassischen Modellen des »Siegens, ohne zu kämpfen« gehört diese Variante:

Anton sagt zu Bruno: »Du bist der größte Scheißkerl im ganzen Betrieb.«

Bruno ist weder entrüstet, noch setzt er sich zur Wehr. Er kämpft nicht, sondern erwidert ganz ruhig: »Anton, du hast Recht.«

Eine andere Variante stammt aus dem Eheleben:

Die Frau sagt mit Verachtung in der Stimme zu ihrem Gatten: »Reiß dich doch endlich einmal zusammen und sei ein Mann, du Waschlappen.«

Darauf sagt er fröhlich: »Ich bin gerne ein Waschlappen.«

»Na, na«, werden Sie jetzt vermutlich einwenden, »wie kann sich denn ein richtiger Mann so verhalten, wenn er in seiner Männerehre zutiefst verletzt worden ist?«

Es ist richtig: Dieser Ehemann wurde lächerlich gemacht und in seiner Ehre gekränkt. Vielleicht sogar vor Zeugen, was alles noch viel schlimmer macht.

Wie aber schaut die ganze Sache aus, wenn für einen Mann ganz einfach Ehre, Stolz und auch die anderen üblichen Attribute der so genannten Männlichkeit keine Bedeutung mehr besitzen? Irgendwann ist ihm bewusst geworden, dass er sich damit in all diesen Jahren tausendfach mehr Schwierigkeiten, Erniedrigungen und Niederlagen eingehandelt hat als Freude am Leben. Also warf er sie eines Tages über Bord.

Er kämpft nicht mehr um seine Ehre. Er hat sie ganz einfach besiegt. Er kämpft auch nicht mehr gegen Schuldgefühle, weil er sich für das, was er tut, nicht mehr schuldig fühlt. Niemand kann ihn erpressen, denn er hat das Prinzip begriffen: »Das Schlimmste, was mir passieren kann, ist der Tod. Mit dem aber habe ich mich angefreundet.«

Jemand, der so denkt und danach handelt, ist ein Sieger. Sein Sieg besteht darin, dass er aufgehört hat zu kämpfen.

So spielt man das faszinierende Spiel
seines Lebens

Wer ein Spiel zu spielen gedenkt – und »Siegen, ohne zu kämpfen« ist das faszinierendste Spiel unseres Lebens –, muss zuallererst die fünf wichtigsten Regeln kennen. Hier sind sie:

Erste Regel
Du kannst einen Gegner nur besiegen, wenn du dich selbst besiegst.

Zweite Regel
Du darfst das Spiel erst beginnen, wenn du mindestens zwei brauchbare Alternativen in der Hinterhand hast.

Dritte Regel
Es gibt keine Entschuldigung für eine Niederlage.

Vierte Regel
Du spielst dieses Spiel allein und bist dein eigener Schiedsrichter.

Fünfte Regel
Welche Strategie du in diesem Spiel auch bevorzugst, eines bleibt immer gleich: Du hast immer nur eine einzige Chance.

Zugegeben, Regeln wie diese erscheinen dem Laien beim ersten Hinsehen etwas ungewohnt. Aber vermutlich zeigt es sich bereits hier, wer für »Siegen, ohne zu kämpfen« die richtige Einstellung besitzt und wer es darin wohl nie zur Meisterschaft bringt.

Ein talentierter Leser wird beispielsweise den Sinn der Regel drei ohne Schwierigkeit verstehen. Nämlich: Ein Sieger zu sein muss keinesfalls bedeuten, keine Niederlage erleiden zu dürfen. Einem wirklichen Sieger ist vielmehr klar, dass für ihn eine Niederlage keine Niederlage im herkömmlichen Sinn ist, sondern ein produktiver Schritt zum nächsten Sieg. Lassen Sie mich diese Behauptung wiederholen, falls Sie achtlos darüber hinweggelesen haben sollten: Eine Niederlage ist für den wirklichen Sieger keine Niederlage, sondern ein produktiver Schritt zum nächsten Sieg.

So gesehen, hat jede der fünf Spielregeln ihre eigene Selbstverständlichkeit für jemanden, der den tieferen Sinn von »Siegen, ohne zu kämpfen« versteht.

Der Regel zwei etwa liegt die Erkenntnis des einstigen preußischen Generals und Militärtheoretikers Karl von Clausewitz (1780–1831) zu Grunde, der sich ausführlich mit den Voraussetzungen des Siegens im Krieg befasste.

Eine siegreiche Strategie, so meinte er, müsse sich auf drei Angriffspunkte des Gegners richten: gegen seine Kampfkraft, seine Reserven und seinen Willen zu kämpfen. Diese Erkenntnis gewann er aus dem Studium der Kriege von Napoleon und Friedrich dem Großen.

Später kam er zu der erstaunlichen Erkenntnis, der Krieg sei die Fortsetzung der Diplomatie mit anderen Mitteln. Damit verstieß er eindeutig gegen die Regel zwei von »Siegen, ohne zu kämpfen«, die zwingend mindestens zwei – und nicht nur eine einzige Alternative vorschreibt, um einen

Sieg für sich in Anspruch nehmen zu können. Die Erkenntnis von »Siegen, ohne zu kämpfen« geht davon aus, dass jede Strategie des täglichen Verhaltens, für die der Spieler nicht genügend brauchbare Alternativen besitzt, ein hohes Maß an Abhängigkeit schafft. Dadurch wird jede Chance zu siegen auf ein Minimum reduziert.

Nirgendwo tritt dies im Alltag deutlicher in Erscheinung als in einer einseitigen Liebesbeziehung:

A liebt B und redet sich ein, dass es sonst niemanden in der Welt gebe, den er genauso lieben könnte. Er hat also zu B keine Alternative, außer jener, allein und zu Tode unglücklich zu sein. Damit ist er von vorneherein zur Niederlage verurteilt.

B wird der einseitigen und übertriebenen Liebesbeziehung von A sehr bald überdrüssig. Er fühlt sich in einen goldenen Käfig gesperrt und bevormundet, vielleicht auch von grundloser Eifersucht verfolgt.

B sucht also nach Ausflüchten, um sich mehr und mehr zurückzuziehen. A macht vorerst verzweifelte Anstrengungen. Vielleicht gelingt es ihm, sich selbst noch einmal vorzutäuschen, dass auch B nur ihn und sonst niemanden liebt. Aber der Karren ist im Grunde genommen bereits verfahren.

Wenn die Niederlage zu Tage tritt, wird A verzweifelt sein. Er wird mit dem Gedanken an Selbstmord spielen, sein ganzes Leben für verpfuscht ansehen, das jetzt keinen wirklichen Sinn mehr hat. Dafür wird er dem Partner, dem Schicksal oder irgendeiner anderen anonymen Macht die Schuld geben.

Dabei liegt die Ursache für seine Misere ausschließlich darin, dass er dieses Liebesspiel begann, ohne mindestens zwei brauchbare Alternativen zu besitzen.

Sobald A endgültig klar war, dass die Sache mit B zu nichts führen konnte, hätte er als Sieg-Spieler sofort zum Telefon greifen sollen, um die Alternative C anzurufen und um ein Zusammentreffen zu bitten.

Nun hätte es natürlich sein können, dass C an diesem Tag nicht in Stimmung gewesen wäre. Er hätte also abgelehnt.

Wenn in dieser Situation A nur diese einzige Alternative besessen hätte, wäre die Versuchung groß gewesen zu sagen: »Ich habe es ja gewusst, dass ich einfach kein Glück in der Liebe habe.«

Dies wäre eine Niederlage ohne produktiven Lernschritt, also den Regeln nach kein Sieg. Wenn A nun aber die zweite Alternative D anruft und diese sagt erfreut zu, dann kann der Spielzug als Erfolg verbucht werden.

Praktisch bedeutet dies: keine Enttäuschung, kein Kampf mit dem verletzten Stolz, keine Entschuldigung. A trifft D, es wird ein netter Abend voll neuem Selbstvertrauen.

Wenn nun die nächste Spielphase, der erotische Teil, wieder mit den zwei brauchbaren Alternativen in Szene geht, ist der Tag gelaufen.

Es ist ein glücklicher Tag. Ein Sieg, ohne zu kämpfen.

Abschließend kann die Bedeutung der Regel zwei, von der hier die Rede war, auf den einfachen Nenner gebracht werden: Wer genug brauchbare Alternativen besitzt, kann von niemandem erpresst werden.

Wenn uns beispielsweise eine Werbebotschaft im Fernsehen das Produkt X als die einzig wahre Lösung für ein Problem anbietet, sollten wir diese Behauptung mit mindestens zwei brauchbaren Alternativen konfrontieren, ehe wir uns zum Kauf entschließen.

Hier tritt im Übrigen auch noch die Regel fünf in Kraft, die besagt, dass wir für alles, was wir siegreich vollenden wollen, immer nur eine Chance haben. Am Beispiel eines Einkaufes ergibt sich so zweierlei:

1. Wir vergleichen ein Angebot mit zwei anderen brauchbaren Alternativen und lassen uns keinesfalls von Erpressungsversuchen beeindrucken, wie zum Beispiel: »Greifen Sie rasch zu, sonst versäumen Sie die Chance Ihres Lebens« oder »Heute – letzter Tag«.
2. Wir vergleichen vielmehr unser wirkliches Bedürfnis mit dem Angebot und prüfen, ob wir gerade jetzt die angebotene Lösung überhaupt brauchen.

Die Spielregel fünf geht davon aus, dass alles in unserem Leben seine Zeit *hat* und seine Zeit *braucht*. Erst wenn diese Bedingung erfüllt ist, hat die Aktion die Voraussetzung dafür, ein Sieg zu werden.

Wie Sie schon aus diesen ersten Erklärungen zu den fünf Regeln erkennen können, ist das ganze Leben in das große Spiel einbezogen. Die Liebe und das Geschäft genauso wie die Erpressungen, denen wir täglich ausgesetzt sind.

»Siegen, ohne zu kämpfen« bedeutet, dass wir im Stande sind, jede dieser Erpressungen an uns vorbei ins Leere gehen zu lassen wie der Mann, den der Messerheld im Park nicht erstechen konnte.

TEIL I
Sieben Siege, die jeder in seinem Leben erringen sollte

Wenn Sie dieses Buch gekauft haben, gehören Sie vermutlich nicht zu den Menschen, die sich für Verlierer halten und alle Versuche aufgegeben haben, im Leben noch ein Stück weiterzukommen.

Wenn es trotzdem so sein sollte, haben Sie zwei Möglichkeiten:

1. Sie werfen diesen Band in den nächsten Mülleimer und erzählen zur Rechtfertigung Ihres Irrtums allen Freunden, um welches miserable Machwerk es sich hier handelt.

Damit haben Sie eine gute Ausrede, in Ihrem Leben nichts zu verändern. Und Sie können weiterhin der Gesellschaft, dem Schicksal und auch sonst allen anderen Leuten die Schuld dafür zuweisen, dass diese Welt so hoffnungslos verlottert ist.

2. Sie geben sich selbst eine Chance, lesen weiter und hoffen, dass im Laufe der Lektüre ganz von selbst etwas passiert.

Dabei könnte es allerdings geschehen, dass Sie zu der Einsicht kommen: Nichts im Leben passiert, wenn ich es nicht tue. Diese Erkenntnis wäre dann bereits ein erster Sieg über sich selbst, der Ihr ganzes Leben von Grund auf verändern könnte.

Eine durchaus realistische Hoffnung.

Alle, die sich ernsthaft und vorsätzlich für »Siegen, ohne zu kämpfen« interessieren, finden auf den folgenden Seiten sieben Hinweise darauf, was von ihnen erwartet wird.

1
Der Sieg über den Zwang, unbedingt siegen zu müssen

Ein Sieger – so lautet das Ihnen schon bekannte Prinzip für »Siegen, ohne zu kämpfen« – ist kein wirklicher Sieger, wenn er einen Verlierer braucht. Ähnlich verhält es sich mit dem Sieg selbst und dem Zwang, unbedingt siegen zu wollen.

Der legendäre Zigarrenraucher Sir Winston Leonard Churchill, von 1940 bis 1945 britischer Premierminister, soll einmal sinngemäß folgenden Ausspruch getan haben:

»Wenn Sie heute etwas erzwingen wollen, das erst im nächsten Jahr getan werden soll, erzielen Sie mit doppeltem Aufwand höchstens den halben Erfolg. Es ist besser, Sie üben sich in Geduld, bis Zeit, Umstände und Sie selbst für die Sache bereit sind. Dann fällt Ihnen möglicherweise der Erfolg ganz von selbst in den Schoß.«

Wenn Sir Winston dies wirklich gesagt hat, gehörte er ganz ohne Zweifel zu den fortgeschrittenen Anhängern von »Siegen, ohne zu kämpfen«. Er hat erkannt, dass nichts so sehr einen Sieg verhindert wie der Zwang, unbedingt siegen zu wollen.

Dazu gehört natürlich auch die Ungeduld, schon heute etwas zu erzwingen, für das die richtige Zeit noch nicht gekommen ist. Viele Kriege wurden auf diese Weise verloren, Revolutionen schlugen fehl, und Tag für Tag können Sie dieses Phänomen an sich selbst und Ihren Mitmenschen beobachten.

Wir neigen im Allgemeinen dazu, den Begriff des Siegens mit Kraft und Aggression in Verbindung zu bringen. Kraft und Aggression vermögen sicherlich vieles, aber beides ist ungeeignet zur Erringung eines wirklichen Sieges.

Sie können einen Widersacher mit der Wucht eines gezielten Faustschlages an seine Kinnspitze zu Boden strecken. Aber haben Sie damit einen Sieg über ihn errungen?

Er wird zur Besinnung kommen, und sein erster Gedanke wird sein, wie er Ihnen diese Schmach möglichst dreifach heimzahlen kann.

Vielleicht geht er sofort zornig mit beiden Fäusten auf Sie los. Möglicherweise gehört er aber zu den viel gefährlicheren Typen, die abwarten, bis Sie sich die nächste Blöße geben oder bis Sie ihm arglos den Rücken zukehren. Dann trifft Sie der Schlag, während Sie wehrlos sind.

Dies ist, um es offen zu sagen, das Ergebnis Ihres großartigen Sieges. Er ist nichts anderes als der Anfang eines Kampfes von unbestimmter Dauer mit unbestimmtem Ausgang. Denn Sie, der den Sieg für sich in Anspruch nehmen möchte, könnten eine Niederlage nicht auf sich beruhen lassen. So stehen Sie unter dem Zwang, immer wieder siegen zu müssen. Auch wenn Sie schon längst nicht mehr dazu fähig sind.

Wer »Siegen, ohne zu kämpfen« verstehen und im Leben praktizieren will, muss den Zwang besiegen, unbedingt siegen zu wollen. Für ihn gilt das Prinzip: »Der wirkliche Sieg fällt einem ganz von selbst zu, wenn die Zeit gekommen ist.«

Die Erfüllung dieser einfachen Formel scheitert in vielen Fällen an einer von drei Eigenschaften, die das Ergebnis unserer Erziehung sind:

Erste Eigenschaft

Die Überschätzung unserer Möglichkeiten, die zu der überheblichen Ansicht führt, wir allein und nichts anderes könnten den Lauf der Dinge bestimmen.

Zweite Eigenschaft

Das mangelhafte Bewusstsein für die große Ordnung des Universums, in dem wir nur ein winzig kleiner Faktor sind.

Dritte Eigenschaft

Die Unkenntnis des Gesetzes von Zielsetzung, Weg und Sieg.

Den Sieg über den Zwang, siegen zu wollen, erringen wir nur unter der Voraussetzung, dass es uns gelingt, uns selbst in Harmonie mit der großen Ordnung zu bringen.

Zugegeben, diese Behauptung klingt so kompliziert, dass der Anschein erweckt wird, hier möchte ein Universitätsprofessor hinter schwülstigen Sätzen verbergen, dass er keine Ahnung hat, wovon er spricht.

Einfach ausgedrückt: Der Weg ist das Ziel.

Das heißt, wenn Sie auf dem richtigen Weg sind, erreichen Sie das Ziel ganz von selbst. Also ohne Zwang.

Wie aber finden Sie den richtigen Weg?

Auf diese Frage gibt es nur diese banale Antwort: Sie finden den richtigen Weg, indem Sie mit Ihrem Ziel in vollkommener Harmonie sind.

Ein Beispiel:

Am 5. Oktober 1936, einem Sonntag, fand in Paris ein außergewöhnlicher Boxkampf statt. Der Österreicher Ernst Weiss trat gegen den Spanier Fortunato Ortega an, um ihm den Titel eines Europameisters im Fliegengewicht zu entreißen.

Acht Runden lang erlebten die Zuschauer einen Kampf, wie sie ihn noch niemals vorher gesehen hatten. Weiss, der als unbekannter Außenseiter angetreten war, schien wie in Trance zu boxen. Sein Gegner schlug und schlug, aber er konnte den ständig sich bewegenden Herausforderer einfach nicht treffen.

Schließlich ging dieser noch so weit, dass er seine rechte Hand absichtlich hinter dem Rücken versteckte und Ortega, einen in 210 Kämpfen mit allen Wassern gewaschenen Profi, nur mit der Linken ausboxte.

Das Publikum raste. Weiss wurde der neue Europameister und errang diesen Titel später auch noch in zwei weiteren Gewichtsklassen.

Der Österreicher war in diesem Kampf, um es in der Sprache von »Siegen, ohne zu kämpfen« auszudrücken, in vollkommener Harmonie mit den Angriffen seines Gegners. Er war auch in vollkommener Harmonie mit sich selbst und seinem Ziel, Europameister zu werden. Der Weg ergab sich daraus ganz von selbst.

Der bisherige Europameister, der unter Erfolgszwang stand, blieb auf der Strecke. Sein Gegner trug den Sieg davon.

Wenn Sie weder für einfache Formeln, Definitionen oder für den Boxsport großes Interesse haben, aber trotzdem Ihre Bemühungen um »Siegen, ohne zu kämpfen« fortsetzen möchten, wird Ihnen hier noch eine weitere Variante angeboten, um Ihnen die Zusammenhänge verständlich erscheinen zu lassen.

Den Sieg über den Zwang, siegen zu wollen, erringen wir nur unter der Voraussetzung, dass es uns gelingt, uns selbst in Harmonie zu bringen mit der großen Ordnung, der Zielsetzung und dem Weg.

Schon nach oberflächlichem Überdenken dieses Argumentes werden Sie vermutlich erkennen, dass so die fragliche Behauptung natürlich nicht eindeutig zu untermauern ist. Dies ist kein Zufall.

»Siegen, ohne zu kämpfen« ist, wie Sie inzwischen wissen werden, eine individuelle Disziplin, in der jeder Spieler seine ganz persönliche Harmonie für einen ganz bestimmten Zeitpunkt, einen Ort, das gegebene Hindernis und die gegebenen Umstände finden muss. Nur dann, und wirklich nur dann, ist ein Sieg gewiss.

Wobei vorläufig die entscheidende Frage offen bleibt: Was muss ich tun, um diese Harmonie zu finden?

2
Der Sieg über das Misstrauen
gegen sich selbst

Wer in seinem bisherigen Leben ständig dem Phänomen des bereits erwähnten »Den anderen erniedrigen, um sich selbst damit zu erhöhen« ausgesetzt war, neigt dazu, sich für unfähig zu halten, die wichtigsten Herausforderungen seines Lebens selbst in die Hand zu nehmen.

Was wir auch tun, wir werden permanent belehrt, genötigt und erniedrigt. Es gibt längst schon Ärzte, die ihre Patienten gar nicht mehr von Angesicht zu Angesicht sehen wollen. Sie sprechen auch nicht mehr mit den Menschen, die gläubig zu ihnen kommen und Hilfe erwarten. Auf irgendwelchen Formularen wird in lateinischer Sprache vermerkt, woran man leidet, welche Medikamente einzunehmen sind und was die Behandlung kostet.

Die Rechnung ist sofort zu bezahlen, die Heilung lässt meistens lange auf sich warten. Trotzdem ergeben sich Millionen Menschen diesem Schicksal. Sie begehren nicht auf. Sie trauen sich selbst nichts zu. »Der Arzt, die Fachleute, die ehrenwerten Professoren, die allheilende Medizin – sie werden mir schon irgendwie helfen«, hoffen sie.

Menschen dieser Art misstrauen sich so sehr, dass sie nicht einmal den Versuch unternehmen, ihre Krankheit selbst zu ergründen, sich den geeignetsten aller Ärzte aussuchen und dann auch dafür sorgen, dass sie von ihm die beste aller möglichen Behandlungen erhalten.

Dies nicht zu tun verstößt gegen die Regel drei des Lebensspiels, die lautet: Es gibt keine Entschuldigung für eine Niederlage.

Ein Kranker, der krank wurde, ohne selbst alles getan zu haben, um Geist und Körper gesund zu erhalten, hat eine Niederlage erlitten.

Es ist an dieser Stelle vorteilhaft, zum besseren Verständnis der Zusammenhänge den Begriff der Niederlage einmal näher zu definieren. Im Sinne von »Siegen, ohne zu kämpfen« gibt es ja für den fortgeschrittenen Anhänger längst keine Niederlage mehr. Es mag sein, dass er in den Augen der übrigen Welt eine »Niederlage« erlitten hat. Was für ihn allein zählt, ist, aus der Erfahrung einer solchen Situation den nächsten Sieg erringen zu können.

Alles, was uns auf dem Wege zum Sieg weiterbringt, ist nach dem Prinzip »Der Weg ist das Ziel« bereits ein Bestandteil des Sieges.

Wenn es heißt: »Es gibt keine Entschuldigung für eine Niederlage«, dann bedeutet dies, dass wir unsere Einstellung dieser Lebensspiel-Regel anpassen müssen. Es liegt an uns, die Niederlage zu einem Bestandteil des nächsten Sieges zu machen. Viele Menschen wählen immer mehr einen anderen, einen bequemeren Weg. Statt sich selbst zu ändern, verändern sie eine Niederlage in einen Sieg, der in diesem Falle allerdings nur ein Schein-Sieg ist, ein Sieg für die anderen, für das Publikum, ein Theatersieg.

Am besten kann man dies an dem klassischen Modell »Die Gasthaus-Revolutionäre« beurteilen:

R 1 begibt sich nach einem vier Stunden langen Demonstrationsmarsch mit R 2 in ein Gasthaus. Beide bestellen ein Bier und einen Schnaps.

R 1 zu R 2: »Denen haben wir es aber gegeben. Was wir hier in Günselsbaumgarten heute der ganzen Welt gezeigt haben, wird die Atomrüstung der Großmächte drastisch beeinflussen.«

R 2: »Wenn der Westen, vor allem die Lackaffen bei der NATO, nicht endlich begreifen will, dass niemand, aber auch wirklich niemand hier bei uns verstehen kann, was das Ganze soll, dann müssten sie eigentlich alle sofort ihren Hut nehmen und einer neuen Generation Platz machen, die den Durchblick hat.«

R 1: »Jawohl. Du hast vollkommen Recht. Prost.«

R 2: »Ja. Prost, auf die Sache.«

R 1: »Auf die Sache.«

R 2: »Noch ein Bier, Herr Wirt.«

Revolutionen wie diese finden im Gasthaus statt, weil die Beteiligten sich nicht zutrauen, auf andere Art die Welt zu verändern.

Wirkliche Revolutionen hingegen, die tatsächlich etwas verändern, finden nur in uns selbst statt. Sie setzen allerdings voraus, dass der angehende Revolutionär zuallererst das Misstrauen gegen sich selbst besiegt.

Der Sieg beginnt mit der Erkenntnis: »Was immer ich in der Welt verändern möchte, muss ich zuerst bei mir selbst verändern.« Als zweite wichtige Erkenntnis kann hinzugefügt werden: »Jede siegreiche Revolution beginnt mit dem Glauben daran, dass ich sie gewinne.«

Die Beobachtung des Lebens zeigt, dass der Scheinsieg die unbrauchbarste aller Alternativen zum wirklichen Sieg ist. Sie besteht darin, uns selbst und möglichst vielen anderen so lange einzureden, dass wir gesiegt haben, bis wir allesamt vollkommen den Überblick verloren haben.

Zu diesem Zeitpunkt des größten Chaos verkünden wir dann laut genug: »Hurra, wir haben gesiegt.«

Alle werden uns mit großer Wahrscheinlichkeit sofort zujubeln, weil keiner sich dem Vorwurf aussetzen möchte, er sei die ganze Zeit nicht auf dem Laufenden gewesen.

Es gibt drei Grundformen des Schein-Sieges:

1. Die Variante »Abgehetzte Hausfrau«.
2. Die Variante »Gasthaus-Revolutionäre«.
3. Der Multiplikations-Trick.

Zweifellos wird die dritte hier erwähnte Form in diesen Tagen am häufigsten angewandt. Dies liegt an den Medien und den Möglichkeiten, sie für Scheinsiege zu manipulieren. Jeder, der genug Geld hat, kann sich 20, 30 oder 60 Sekunden im Fernsehen mieten und dort verkünden: »Mein Produkt ist das allerbeste.«

Niemand wird ihm widersprechen, auch wenn es die größte Lüge ist, denn der Schein-Sieg hat als eine von jedermann anerkannte Variante des Massenbetrugs mit Hilfe der modernen Medien längst Eingang in unsere Gesellschaft gefunden.

Es verhält sich damit ähnlich wie mit manchen der Zehn Gebote in der Heiligen Schrift, etwa dem: »Du sollst deinen Vater und deine Mutter ehren, auf dass du lange lebest in dem Lande, das dir der Herr, dein Gott, geben wird.« Dort heißt es ja auch an anderer Stelle: »Du sollst nicht töten.« Hat es in allen diesen Jahrhunderten die gläubigen Christen davon abgehalten, einander umzubringen?

Vielfach ist es sogar so, dass das eine oder andere zur höchsten Verpflichtung erhobene Gebot Vorschub für ein gewisses abnormes Verhalten leistet. So wird in zunehmendem Maße öffentlich darauf hingewiesen, dass minderjährige Kinder durch ihre Väter, Stiefväter oder Freunde der Mutter sexuell missbraucht würden. Selbstverständlich haben sich sofort so genannte Verantwortliche, Politiker, Wissenschaftler und moralbewusste Publizisten der Sache angenommen. Es wurde viel darüber diskutiert, geforscht, polemisiert, verurteilt und appelliert. Gelegentlich wurden sogar Forderungen aufgestellt und, wie dies in solchen Fällen üblich ist, Beratungsstellen eingerichtet.

Welche Siege wurden errungen?

Keine. Es wird weiter gekämpft. Das Ergebnis sind Schein-Siege nach der Variante »Gasthaus-Revolutionäre« mit Zuhilfenahme des »Multiplikations-Tricks«. Das heißt: In Zeitungen, im Radio und im Fernsehen wurde verkündet, was alles bisher geschehen sei und was getan werden sollte. Vor allem aber wurden alle jene Menschen verurteilt, die an der ganzen Sache schuld sein sollen. Denn wer sich selbst ins rechte Licht setzen will, tut es am besten mit Hinweisen auf einen Schuldigen.

Irgendwann entstand dann der Eindruck, dass tatsächlich etwas in Gang geraten ist. Ein typischer Fall eines Schein-Sieges in einer Sache, die durch die geltenden Moralvorstellungen abgedeckt ist:

Das dafür zuständige Gebot lautet, wie wir wissen: »Du sollst deinen Vater und deine Mutter ehren ...« Eine Maxime, die offensichtlich keine Ausnahme zulässt.

Das bedeutet, dass Kinder auch dann ihre Väter zu ehren haben, wenn sie von ihnen sexuell missbraucht werden. Stiefväter, gute Onkel und andere Freunde der Mutter hingegen können unter ähnlichen Umständen als Verbrecher angesehen werden. Ist es angesichts solcher Widersprüche verwunderlich, wenn wir alle etwas an uns selber und an unserem natürlichen Rechtsgefühl zu zweifeln beginnen?

Ein anderes klassisches Beispiel der »Erziehung zum Misstrauen gegen sich selbst« ist der Fall »Zeichne einen Baum«.

Der Lehrer in der Schule veranlasst die Kinder, zum Fenster zu gehen und auf einen Baum zu blicken, der im Hof steht. Nach einiger Zeit sagt er: »So, jetzt setzt euch nieder und zeichnet den Baum so, wie ihr ihn gesehen habt.«

Als er, durch die Tischreihen wandernd, eine halbe Stunde später hinter dem Stuhl der Schülerin Brigitte stehen bleibt, sieht er sie an einer Zeichnung arbeiten, die dem Baum vor dem Fenster in keiner Weise ähnlich sieht.

Der Lehrer sagt: »Was soll denn das sein, Brigitte?« Brigitte, nicht ohne Stolz: »Das ist der Baum.«

Der Lehrer: »Was, das soll der Baum sein, den wir alle gesehen haben?« Er hält das Zeichenblatt hoch, so dass die anderen Schüler es sehen können, und fragt: »Habt ihr diesen Baum auch so gesehen?«

Die meisten Kinder lachen laut und belustigt, als sie die Zeichnung sehen, die eine gewisse Ähnlichkeit mit den Schöpfungen des berühmten baskischen Malers Joan Miró hat.

»Na also«, erklärt der Lehrer daraufhin und wirft das Blatt triumphierend auf den Tisch zurück.

Brigitte sagt: »Aber ich habe den Baum in meiner Vorstellung genau so empfunden.« Ein Einwand, der keine Rolle mehr spielt, weil zu diesem Zeitpunkt der Lehrer seinen Schein-Sieg bereits errungen und mit dem Multiplikations-Trick dadurch untermauert hat, dass er den Baum dem höhnischen Lachen der Mitschüler aussetzte.

Der Vollständigkeit halber sei noch erwähnt, wie ein Anhänger von »Siegen, ohne zu kämpfen« vermutlich dieses Spiel siegreich beendet hätte. Er hätte den Schülern erklärt, dass die individuelle Sicht der Mitschülerin Brigitte ihrer Phantasie entspreche und dass in gewissem Sinne unsere Phantasie als Realität zu betrachten sei.

Vermutlich hätte ein dem »Siegen, ohne zu kämpfen« anhängender Lehrer dies trefflicher formuliert. An den Tatsachen hätte es nichts geändert. Aber er hätte nicht nur einen Sieg errungen, sondern auch einem jungen Menschen geholfen, seiner eigenen Phantasie mehr zu vertrauen als engstirnigen gesellschaftlichen Konventionen.

3
Der Sieg über die Moral, der wir niemals gerecht werden können

Vor ein paar Jahren konnte man in den Sommermonaten immer wieder in den Zeitungen Berichte von Überfällen einer Bande von Verbrechern lesen, die sich »Straßenpiraten« nannten. Sie trieben ihr Unwesen im südlichen Frankreich, in dem von ausländischen Urlaubern bevorzugten Gebiet der Provence zwischen Avignon, Arles, Marseille und Saint-Tropez.

Innerhalb von zwei Monaten wurden dort 200 Menschen von den motorisierten, bewaffneten und stets maskierten Gangstern ausgeraubt, 26 Frauen wurden dabei auf brutale Weise vergewaltigt.

Eine Sekretärin aus Frankfurt berichtete nach einem Überfall Folgendes:

»Ich war allein im Auto zu meinem Urlaubsort in Südfrankreich unterwegs, wo ich zwei Wochen bleiben wollte. In Avignon wollte ich übernachten, aber ich bekam kein Hotelzimmer. Also fuhr ich gegen Mitternacht weiter. Auf der Landstraße wurde ich von einem Wagen überholt und von der Straße gedrängt. Zwei Männer mit Masken vor dem Gesicht und Maschinenpistolen zerrten mich aus dem Auto, rissen mir die Kleider vom Leib und banden mich an einen Baum.

Während mir einer die Pistole an den Hinterkopf hielt, verbrannte mir ein anderer mit einer Zigarette Brust und Arme. Dann wurde ich vergewaltigt. Es dauerte zwei Stunden lang.

Sie waren wie Tiere. Es war die Hölle für mich. Später fand mich ein Autobusfahrer neben der Straße. Meinen Wagen hatten sie ausgeraubt und angezündet.«

»Wie«, wird der interessierte Leser nun fragen, »verhält sich eine Frau in einer extremen Situation wie dieser nach dem Prinzip von ›Siegen, ohne zu kämpfen‹?«

Die Antwort wird Sie vermutlich schockieren, aber sie ist trotzdem die Konsequenz des Prinzips. Diese Antwort lautet: Die Frau folgt der »Regel der einen Chance« und tötet die Gangster, bevor diese eine Gelegenheit haben, sie zu missbrauchen, auszurauben und möglicherweise umzubringen.

»Siegen, ohne zu kämpfen« orientiert sich nicht nach Moral oder Humanität, sondern ausschließlich nach den Erfordernissen des Siegens. Wenn eine Frau also von zwei bewaffneten Männern überfallen wird, gilt für sie nur die eine Frage: »Die oder ich.« Nachdem ein Sieger sich grundsätzlich selbst in den Mittelpunkt seines Lebens stellt, lautet seine Antwort ohne jedes Zögern: »Ich.«

Natürlich kann die Frau ihr Schicksal dem Zufall oder der Gnade der Verbrecher überlassen. In diesem Falle kann ihr passieren, was mit der Frankfurter Sekretärin geschah: Die Täter waren gnadenlos, und das Schicksal ließ sie im Stich. Ein Lebensspiel zu gewinnen, in dem es um Leben oder Tod geht, setzt drei Dinge voraus:

1. Ich muss von vornherein entschlossen sein, das Spiel zu gewinnen und mein Leben zu retten.
2. Ich muss darauf vorbereitet sein, dass diese Welt voll von freundlichen und netten Menschen, aber genauso von hinterhältigen, perversen, raubenden, schießenden und vergewaltigenden Gaunern ist, denen ich jederzeit begegnen kann.

3. Ich muss die eine Chance, die mir den Sieg bringt, sofort und ohne Hemmungen nützen.

Nun mag es für einen gut erzogenen Menschen völlig unvorstellbar sein, sein Leben und seine Gesundheit gegen Verbrecher, die ihn verstümmeln oder töten wollen, selbst zu verteidigen. Er wird diesen Gedanken niemals zu Ende gedacht, sondern stets verdrängt haben. Er wird sich empören, wenn er von Fällen wie jenem der erwähnten Sekretärin hört. Er wird der Hoffnung Ausdruck verleihen, dass die Polizei die Täter bald dingfest machen kann.

Aber Hoffnung und Empörung sind, wie wir wissen, Kennzeichen der Niederlage und nicht des Siegens. Siege haben nur eine einzige Chance, die es den Regeln entsprechend zu nützen gilt.

Eine Variante der Niederlage ist das Vertrauen auf die ordnenden Mächte im Staat. In der fraglichen Zeit wurden sie in Frankreich von dem für Straßenüberfälle zuständigen Referenten namens Michel, einem Inspektor der Police Nationale, repräsentiert.

Sein hilfloser Kommentar zu den Überfällen: »Diese Gangster tauchen auf wie Phantome. Sie arbeiten mit den hinterhältigsten Tricks. Sie benützen sogar gestohlene Krankenwagen mit Blaulicht, verstellen Umleitungsschilder und locken, als Polizisten verkleidet, ihre Opfer auf abgelegene Feldwege.«

Dies mag tröstlich sein für eine Frau, die zwei Stunden lang gedemütigt wurde. Aber es ändert nichts daran. Auch nicht an den Folgen. Denn mit großer Wahrscheinlichkeit wird diese Frau auch heute noch nachts aus dem Schlaf schrecken, schreiend und schweißüberströmt. Es kann auch sein, dass sie nie wieder in ihrem Leben mit einem Mann – und sei er noch so einfühlsam und verständnisvoll – eine befriedigende sexuelle Beziehung einzugehen vermag.

Wenn eine Frau allein nach Südfrankreich in Urlaub fährt, kein Zimmer bekommt und nachts auf der Landstraße unterwegs ist, ist sie mit den Maßstäben der anerzogenen Moral allein ungenügend vor Überfällen geschützt.

Sie hat vielmehr zwei realitätsbezogene Möglichkeiten:

1. Sie fährt erst gar nicht hin.
2. Sie ist vorbereitet.

In beiden Fällen ist ihre Entscheidung als Sieg anzusehen. Entweder besiegt sie den Wunsch, nach Südfrankreich zu fahren, durch einen Verzicht, nachdem sie vorher die bestehende Gefahr mit mehreren Alternativen verglichen hat, die weniger gefährlich sind.

Oder aber sie hat sich bewaffnet, versteht es, mit der Waffe richtig umzugehen, und ist bereit, jeden, der ihr mit einer Waffe gegenübertritt, blitzschnell zu erschießen.

Es mag schon sein, dass sich Staat, Hüter der Gesetze und der Moral dagegen wehren, dass ein Bürger den Schutz seines Lebens selbst übernimmt. Dies ist verständlich. Denn der Staat und alle übrigen Institutionen sind daran interessiert, es mit hilflosen Bürgern zu tun zu haben, die sich zuerst vergewaltigen lassen und hinterher die Polizei zu Hilfe rufen.

Die Erziehung des Bürgers zur Hilflosigkeit geschieht mithilfe der Moral. Deshalb ist es auch kein Zufall, dass moralische Maßstäbe immer schon so hoch gesteckt werden, dass kein Mensch sie erfüllen kann. Durch ihre Unerfüllbarkeit wird die Moral zum lenkenden Instrument für alle, die es sich zunutze machen.

Um es noch deutlicher auszudrücken: Die Moral dient der Obrigkeit als Instrument zur permanenten Erniedrigung der Untertanen.

In diesem Zusammenhang wird es verständlich, dass sich der Staat zum Bürger ähnlich verhält wie jener Bürger, der einen Verlierer braucht, um sich selbst zu erhöhen.

Bürger müssen vergewaltigt, bestohlen und ermordet werden, damit sich Polizei, Richter und Staatsgewalt als schützende Elemente in Pose setzen und ihre Berechtigung unter Beweis stellen können.

Dies bedeutet, dass der Bürger es sich auch gefallen lassen muss, vergewaltigt, bestohlen oder ermordet zu werden. Er muss sich als Verlierer verhalten, der mit den Folgen der Demütigung weiterzuleben hat.

Ein Sieger aber braucht, wie wir wissen, weder einen Verlierer noch jemanden, der vorgibt, ihn zu beschützen. Denn Polizei und Gericht beschützen ihn nicht. Sie rächen nur im Nachhinein die Tat, für die er herhalten musste.

Wie man es auch dreht und wendet, die entscheidende Frage, vor der jeder steht, der sich entschließt, vom Verlierer zum Sieger zu werden, lautet: »Bin ich bereit, einen Sieg zu erringen, wenn mir jemand Gewalt antun will? Oder bin ich es nicht? Wenn ich es bin, muss ich es mit jenen Mitteln tun, die der Augenblick, die Umstände und der Gegner erfordern.«

Für einen gelehrigen Schüler von »Siegen, ohne zu kämpfen« kann die Antwort niemals in Frage stehen. Er ist jederzeit bereit und entschlossen zu siegen. Für ihn ist es unvorstellbar, sich auf eine unrealistische Moral einzulassen, die zu nichts anderem führt als zu einem Kampf ohne die geringste Chance.

Die Moral ist, um es noch einmal deutlich zu sagen, für Verlierer erfunden worden und nicht für Sieger. Die Moral zwingt jedem davon abhängigen Menschen Beschränkungen auf, die ihn in der täglichen Realität an spontanen Entscheidungen hindern und zum ewigen Zögerer und Zweifler machen.

Er wird sich bei einer Spiel-Konfrontation noch immer ängstlich fragen: »Darf ich das? Tut man das? Ist es erlaubt oder verboten?«, wenn der Gegner ihn schon längst zu Boden gestreckt hat, um ihm den Todesstoß zu versetzen.

Deshalb sollte niemand, der »Siegen, ohne zu kämpfen« beherrschen möchte, meinen, er könnte sich vor dem einen wichtigen Sieg drücken: vor dem Sieg über die Moral.

Der erste Schritt besteht darin, Zweck und Sinn der gültigen Moral zu durchschauen. Wer dieses Kapitel aufmerksam studiert hat, wird wissen, was damit gemeint ist.

4
Der Sieg über das Prinzip von Schuld und Sühne

Für Menschen, die selbst nicht wissen, was für sie falsch und richtig ist, funktioniert die Moral als Lenkungsinstrument nach dem Prinzip von Schuld und Sühne. Kaum ein anderes Beispiel demonstriert die Wirkungsweise dieses Prinzips so eindrucksvoll wie die Sexualmoral des heiligen Augustinus. Er lebte von 354 bis 430 n. Chr. und galt als größter lateinischer Kirchenlehrer des christlichen Altertums. Eine seiner Vorschriften für Christenmenschen lautete: »Wer beim Geschlechtsverkehr Lust empfindet, macht sich einer Todsünde schuldig.«

Wenn nun Herr A und seine Frau zu jenen gläubigen Menschen gehörten, die ihr Leben nicht den eigenen Bedürfnissen, sondern den Maximen der Kirche unterwarfen, könnte folgender Fall eintreten:

- Während A sich mit seiner Frau einem gottgewollten Geschlechtsverkehr zum ausschließlichen Zweck der Fortpflanzung hingibt, durchströmt plötzlich eine lustvolle Erregung seinen Leib.
- Schockiert stellt er fest: »Mein Gott, jetzt habe ich eine Todsünde begangen.«
- Seine Frau erholt sich rasch vom Entsetzen und tröstet A damit, dass er sich durch eine Beichte von der Verfehlung freisprechen lassen kann.
- A eilt zu seinem Priester in die Kirche und nimmt dort in

großer Demut Vorwürfe, Ermahnung und schließlich auch die Freisprechung entgegen.

Für jeden aufmerksamen Schüler von »Siegen, ohne zu kämpfen« ist sofort deutlich, wie raffiniert der Unterwerfungsmechanismus mithilfe von Schuld und Sühne funktioniert und wie A in einen aussichtslosen Kampf um sein Seelenheil verstrickt wird:

- Sein Gegenspieler Kirche im großen Lebensspiel gibt A auf der Grundlage des unkritischen Glaubensbekenntnisses durch die Moral eine für ihn unerfüllbare Aufgabe vor.
- A akzeptiert die Vorschrift als für ihn gültig und nimmt damit auch die Bereitschaft auf sich, im Falle eines Zuwiderhandelns die erforderliche Sühne zu üben.
- Er spielt das Spiel »Geschlechtsverkehr« nicht nach den Regeln seiner eigenen Bedürfnisse, sondern nach jenen des heiligen Augustinus, der ganz offensichtlich zur Sexualität ein ziemlich gestörtes Verhältnis hatte.
- A findet es nicht notwendig, die Regel zwei des Lebensspiels zu beachten. Das heißt, für die moralische Spielvariante des Augustinus zwei brauchbare Alternativen zu prüfen.
- Damit tappt A in eine Falle, aus der er sich allein nicht mehr befreien kann. Er erleidet eine Niederlage, die mit einer Unterwerfung endet. Ihm wird jede Möglichkeit individueller Handlungsweise für unbestimmte Zeit entzogen.

Weil A vermutlich auch in Zukunft während des Geschlechtsverkehrs Lust empfinden wird, verstrickt er sich in permanente Abhängigkeit, die nicht ohne Folgen bleibt. Einerseits lebt er in der ständigen Angst vor Todsünde, Kirche und Sühne. Andererseits beginnt er, sich selbst und sein Bedürfnis, das ihm so sehr zu schaffen macht, zu verfluchen.

Möglicherweise verflucht er auch seine Frau, die ihn immer wieder zum Geschlechtsverkehr verführt und in die Gefahr der Todsünde bringt. Weil ihm die ganze Sache bald nicht mehr den geringsten Spaß macht, wird er impotent.

»Alles schön und gut«, wird der Leser an dieser Stelle vermutlich einwenden, »aber alles das ist ja längst nicht mehr zeitgemäß. Der heilige Augustinus lebte doch schließlich vor 1600 Jahren.«

Tatsache ist, dass sich die kirchliche Sexualmoral und das Prinzip von Schuld und Sühne im Laufe der Jahrhunderte in vielen Lebensbereichen hervorragend als Mittel der Massenmanipulation bewährt haben. Sie erfreuen sich bis heute größter Beliebtheit.

Beispielsweise in der Institution Ehe, wo sich das moralische Gebot der Treue als bevorzugte Spielvariante jedem unkritischen Partner gegenüber anwenden lässt.

Sobald der männliche Spieler M seiner Partnerin F gegenüber das Treueprinzip als Maßstab seines Handelns akzeptiert, ist er genauso in der Schuld-und-Sühne-Falle gefangen wie A mit seinem Lustempfinden beim Liebesakt.

M folgt eines Tages seinem natürlichen Instinkt und wird der Partnerin untreu. Augenblicklich setzt der Schuldmechanismus ein. Er denkt: »Es hat mir zwar ungeheuren Spaß gemacht, aber ich habe mein Treueversprechen gebrochen.« Selbst wenn F niemals davon erfährt, macht sich in M die seit mehr als eineinhalb Jahrtausenden in sein Verhaltensmuster eingewobene Sühneverpflichtung automatisch bemerkbar. Er wird seiner Partnerin einen Brillantring oder Pelzmantel schenken, aber seine Genugtuung über ihre Freude wird geheuchelt sein. Er weiß ja, dass er sich so nur selbst die Absolution für seine Unmoral erschwindelt.

Zugegeben: Diese Variante, sich aus der Affäre zu ziehen, ist weder ein Sieg noch eine Niederlage. Eindeutig verloren hingegen sind Spiele, in denen eine durch das jahrhundertelange Vorbild der Kirche geschulte Ehefrau die Verfehlung des Partners erkennt und ihn nach dem Prinzip von Schuld und Sühne zur Kasse bittet.

Wenn früher der Preis für die Absolution von einer Todsünde oft nur aus zahlreichen Gebeten und dem Anzünden einiger Kerzen in der Kirche bestand, so sind die Folgen eines ehelichen Treuebruchs für einen gut betuchten Ehemann heutzutage bei weitem kostspieliger.

Die Anwendung des Schuld-und-Sühne-Prinzips unterliegt ganz bestimmten Gesetzen:

Erstes Gesetz
An einem Einzelnen muss für alle anderen deutlich sichtbar ein Beispiel statuiert werden.

Zweites Gesetz
Das Beispiel muss so abschreckend sein, dass möglichst viele Menschen sich selbst mit der Schuld des öffentlich Bestraften leicht identifizieren können und sich aus Angst vor einer ähnlichen Bestrafung weiter den Vorschriften unterwerfen.

Deshalb wird im Kriegsfalle ein Deserteur stets vor versammelter Mannschaft degradiert und entehrt. Fahnenflüchtige und Verräter werden öffentlich hingerichtet.

Eine gewisse Ähnlichkeit damit haben die Gesellschaftsrubriken vieler großer Zeitungen und Magazine, in denen moralische Exekutionen auf andere Weise vollzogen werden. Wenn beispielsweise die Höhe der Abfindung angegeben wird, die ein reicher prominenter Ehemann wegen seines Treuebruches bei der Scheidung seiner Frau zu bezahlen hat.

Die Reichen und Prominenten müssen also laut erstem und zweitem Gesetz zur Anwendung des Schuld-und-Sühne-Prinzips öffentlich als Abschreckung für weniger bemittelte, unbekannte Bürger herhalten.

Die Moralvorstellung von der ehelichen Treue jedenfalls dient bis zum heutigen Tag als Instrument der Massenmanipulation und zur Unterdrückung der kreativen Entfaltung revolutionärer Individualisten.

Jedermann, der in »Siegen, ohne zu kämpfen« Fortschritte erzielen möchte, sieht sich deshalb vor die Aufgabe gestellt, eine durch das Prinzip von Schuld und Sühne vorprogrammierte Niederlage im Lebensspiel rechtzeitig zu erkennen und an der Basis zu neutralisieren.

Der erste wirksame Schritt ist ein Sieg über alle moralischen Verhaltensmaßstäbe, die uns von *anderen* Menschen und der willkürlichen Anwendbarkeit abhängig machen.

Der zweite Schritt ist das Bekenntnis zu den eigenen Bedürfnissen.

Das klassische Muster dafür sieht so aus:

Frau A sagt zu Herrn B: »Liebling, warum heiraten wir denn nicht endlich, wir lieben uns doch.«

Herr B antwortet: »Gerade weil wir uns lieben, mein Schatz, brauchen wir nicht zu heiraten.«

Ein anderes Modell lautet:

Herr A sagt zu Frau B: »Mein geliebter Schatz, schwöre mir,

dass du mich niemals mit einem anderen Mann betrügen wirst.«

Frau B antwortet: »Liebling, ich schwöre dir ewige Treue, bis der nächste Mann kommt, mit dem ich mich besser verstehe als mit dir.«

5
Der Sieg über die Angst
vor dem Schlimmsten

Ist nicht unser ganzes Leben ein ununterbrochenes Warten auf das Schlimmste? Was immer dies im Augenblick auch sein mag: die Angst vor der Schande, vor Krankheit, vor einem Krieg oder dem Tod. Tatsächlich ist das legendäre letzte Spiel der absolute Höhepunkt im Leben eines Anhängers von »Siegen, ohne zu kämpfen«. Denn »Siegen, ohne zu kämpfen« bedeutet in Wahrheit auch nichts anderes, als sich mit dem Gedanken an das Sterben anzufreunden. Oder, um es weiter zu variieren: Wer die Angst vor dem Schlimmsten besiegt hat, braucht im Leben nichts mehr zu fürchten.

Sich vor dem Tod zu fürchten, der uns jede Stunde ereilen kann, bedeutet nichts anderes, als sich auf den aussichtslosen Kampf gegen das Unvermeidliche einzulassen.

Wer »Siegen, ohne zu kämpfen« verstanden hat, braucht sich nicht mit der Frage zu beschäftigen: »Was geschieht nach dem Tod mit mir? Gibt es ein Weiterleben?« Oder gar: »Gibt es eine höhere Gerechtigkeit oder ein jüngstes Gericht?«

»Siegen, ohne zu kämpfen« entspricht der Realität des Lebens, die aus Chaos und Ordnung besteht. Beide sind eine große Einheit. Eines entsteht aus dem anderen, nach dem Prinzip von Werden und Vergehen.

Wer der Versuchung nicht widerstehen kann, Chaos als schrecklich und Ordnung als wunderbar zu beurteilen, begibt sich damit von vornherein in die Gefahr einer

Niederlage. Ein geschickter Gegner braucht nur ein Lebensspiel mit einer Chaosvariante einzuleiten – schon reagieren wir mit einem »schrecklich!«.

Ein vorbildlicher Spielzug kann folgendermaßen beschrieben werden:

A entführt B und droht ihm: »Wenn du mir nicht zehn Millionen bezahlst, lege ich dich um.«

B fürchtet den Tod nicht und antwortet: »Wenn du mich umlegst, ist meine Zeit eben gekommen.«

A zu B: »Aber vorher werde ich dich foltern.«

B antwortet gelassen: »Ich habe den Schmerz genauso besiegt wie die Angst vor dem Tod.«

A wird unsicher: »Aber macht dir denn das Leid nichts aus, das du deiner Familie bereitest?«

B antwortet: »Meinen Tod hinzunehmen ist meine Sache. Ihr Leid zu ertragen ist die Sache meiner Familie. Und wie du selbst mit einem Mord zurechtkommst, ist deine Sache.«

Wie immer dieses erfundene Spielmodell auch endet, der Erpresser ist der Verlierer. Der Entführte hat gesiegt, ohne zu kämpfen. Er hat seinen Sieg über die Angst vor dem Schlimmsten errungen.

Viele Schüler von »Siegen, ohne zu kämpfen« beschäftigt die Frage: »Wie kann man auf das Schlimmste vorbereitet sein, wenn man nicht weiß, wann, wo und wie es uns gegenübertritt?«

Für jemanden, der sein Leben jeden Augenblick lebt, erübrigt sich diese Frage. Er liebt, wenn ihm nach Lieben ist, ohne zu fragen: »Ist jetzt der richtige Zeitpunkt? Darf ich es? Was werden die anderen sagen?« Oder: »Sollte ich nicht besser bis morgen warten?«

In jedem Augenblick mein Leben zu leben bedeutet auch: zu essen, wenn ich hungrig bin; zu schlafen, wenn ich schläfrig bin; zu lügen, wenn es besser ist zu lügen; zu sterben, wenn meine Zeit gekommen ist.

Hier ist die viel sagende Anekdote eines weisen Japaners zu erwähnen, der seinem Schüler vorwarf, er sei nicht fähig, im Jetzt zu leben.

»Das tue ich doch«, antwortete der Schüler.

Daraufhin belehrte ihn der Weise: »Wenn du noch sitzt, stehst du schon. Wenn du stehst, gehst du schon. Und wenn du gehst, bist du schon am Ziel.«

Wenn wir uns selbst beobachten, können wir schon beim nächsten Mittagessen erkennen, wie es um uns steht:

Denken wir nicht bei der Arbeit schon an das Essen?

Reden wir während des Essens nicht von etwas ganz anderem, das uns die Mahlzeit gar nicht bewusst erleben lässt?

Geht es uns dabei nicht so wie beim Lieben, wenn unsere Gedanken ganz woanders sind?

Wir denken: Kommt ein Orgasmus nicht zu früh? Mache ich es richtig? Ich möchte etwas ganz anderes, aber was wird der Partner denken, wenn ich es von ihm verlange?

So, wie es vielen Menschen beim Essen und in der Liebe geht, spielen sie auch das Lebensspiel.

Vorher fürchten sie eine Niederlage. Nach der Niederlage denken sie daran, was die anderen Leute dazu sagen werden. In der Gefahr denken sie an das Schlimmste.

Ein Sieger denkt in der Gefahr weder an die Gefahr noch an die Niederlage. Er denkt auch nicht an das Schlimmste, sondern setzt alle seine Kräfte ein, den Sieg für sich zu erringen. Das heißt, er hat durch seine Einstellung den Sieg schon in der Tasche, noch ehe er tatsächlich errungen ist.

Es liegt an uns, so lange das Schlimmste zu erwarten, bis es tatsächlich eintritt. Oder wir lernen es, uns damit anzufreunden, bis wir keine Angst mehr davor zu haben brauchen.

Vor einigen Jahren schilderte ein Rentner namens Gerhard Fenzl, wie er »Siegen, ohne zu kämpfen« praktizierte, ohne die geringste Ahnung davon zu haben.

Er berichtete: »Im vergangenen Juli stellte mein Hausarzt fest, dass ich einen Nierenstein hätte. Ein Urologe sah sich die Sache näher an und teilte mir mit, dass der Stein sich in einer sehr ungünstigen Lage befinde. Vermutlich müsse man operieren.«

Und weiter: »Ich sagte zu ihm: ›Lieber Nierenstein, du kannst nichts dafür, dass es dich gibt. Du strebst ans Licht, aber du musst auch mich verstehen. Ich bin nicht böse auf dich, denn du bist ein Teil von mir, wenn auch nur vorübergehend. Ich bitte dich, verursache mir keine Schmerzen, wenn du ans Licht kommst. Verletze mich nicht. Ich bitte dich sehr um diese Gefälligkeit.‹

Insgesamt«, so berichtete Herr Fenzl weiter, »dauerte meine Zwiesprache mit dem Stein sechs Tage. Während dieser Zeit trank ich Unmengen von Flüssigkeit. Dann wachte ich eines Nachts gegen 23.15 Uhr auf und spürte ein seltsames Kribbeln im Leib. Ich konzentrierte mich auf den Nierenstein und wusste: Jetzt passiert es. Ich sagte zu ihm: ›Los, alter Junge, zeig, was du kannst. Halte dein Versprechen, mich nicht zu verletzen.‹

Dann spürte ich einen ungeheuren Druck und hörte bald darauf, wie der Stein, mein lieber Freund, in der Muschel aufschlug. Ich hatte überhaupt nichts gespürt. Kein einziger Tropfen Blut war geflossen.«

Der eine oder andere kritische Leser wird an dieser Stelle die Nase rümpfen und nicht ohne Überheblichkeit fragen: »Was hat ein ordinärer Nierenstein mit der hohen Kunst des ›Siegens, ohne zu kämpfen‹ zu tun?«

Die Antwort lautet: Wer im Stande ist, die Angst vor den

Schmerzen zu besiegen, die ein spitzer Nierenstein auf dem Weg durch einen viel zu engen Harnleiter verursacht, ist auf dem besten Wege, auch die Angst vor dem Sterben abzulegen.

Das Rezept lautet in beiden Fällen: Freunde dich mit dem, was du am meisten fürchtest, so lange an, bis es ein Teil von dir ist, mit dem du in Harmonie leben kannst.

Gedanken wie »das Schlimmste«, »oh, wie schrecklich« oder »mir bleibt wirklich nichts erspart« gehören zur Kategorie der vorauseilenden Niederlage. Noch ehe überhaupt etwas passiert ist, katalogisieren wir es bereits ganz automatisch. Das eine als »schrecklich«, das andere als »großartig«. Das eine erhoffen wir, das andere fürchten wir.

Wer dies gründlich bedenkt, wird vielleicht erkennen, wie eng Sieg und Niederlage beisammen liegen und wie einfach es für uns im Grunde genommen ist, mit dem einen oder dem anderen zu leben. Es liegt also an jedem interessierten Leser selbst, sich so lange mit dem Schlimmsten anzufreunden, bis sich dieser Inbegriff der vorauseilenden Niederlage kampflos in einen Sieg verwandelt.

6
Der Sieg über die Grenzen
unserer Phantasie

Jeder Sieg in unserem Leben beginnt damit, dass wir ihn uns vorstellen. Auf diese Weise ist die Phantasie die Antriebskraft des Siegens. Sie könnte es zumindest sein, wenn wir sie in die richtigen Bahnen lenken. Unsere Vorstellungskraft für die Erringung eines Sieges zu aktivieren setzt die Kenntnis über den Ablauf eines Handlungsvorganges voraus. Dabei kann folgendes Modell dienlich sein:

Erste Phase
Ein Wunsch wird uns bewusst.

Zweite Phase
Mithilfe unserer Phantasie stellen wir uns vor, wie toll es wäre, uns den Wunsch zu erfüllen.

Dritte Phase
Die so genannte Vernunft kommt ins Spiel und meldet Bedenken an. Sie bringt Einwände vor und vergleicht den Wunsch mit bisher gemachten Erfahrungen.

Vierte Phase
Hier fällt die erste Entscheidung über zwei Spielvarianten:
a) Die Phantasie malt uns aus, wie wir durch die Erfüllung des Wunsches bei unserer Umgebung anecken und gegen alle Erfahrungen und Regeln verstoßen. Wir schrecken

schließlich davor zurück, die Grenzen von Erfahrung und Wohlverhalten zu überschreiten.

b) Wir stellen uns vor, wie wir die Grenzen sprengen und uns auf ein Abenteuer einlassen, von dem wir noch nicht sagen können, wann es endet. Die Phantasie malt uns ausführlich und wiederholt aus, dass wir uns den Wunsch erfüllen.

Fünfte Phase
Wir beschließen, uns den Wunsch zu erfüllen und dabei nie am Sieg zu zweifeln.

Wer das Studium von »Siegen, ohne zu kämpfen« ernsthaft betreibt, kann an diesem Ablauf erkennen, dass die Grenzen zwischen Phantasie und so genannter Vernunft auch die Grenzen zwischen Sieg und Niederlage darstellen können. Eine typische Vernunft-Phantasie-Konfrontation:
A sagt zu B: »Ich besteige den höchsten Berg der Welt.«
B erwidert ungläubig: »Das schaffst du nie.«
A: »Warum nicht?«
B: »So etwas hast du doch noch nie gemacht.«
Sich vorstellen zu können, ein Spiel zu gewinnen, das man noch nie gespielt hat, bedeutet nichts anderes, als die Phantasie zu verwenden, die Grenzen der scheinbaren Sicherheit hinüber in das Spielfeld der unbegrenzten Möglichkeiten zu überschreiten.
Was nun das Risiko des Bisher-nicht-Bekannten betrifft, so stellt es für einen Anhänger von »Siegen, ohne zu kämpfen« kein Hindernis dar. Er geht davon aus, dass er grundsätzlich jedes Risiko bewältigen kann, wenn er es Schritt für Schritt abbaut. Das Modell dafür lautet:
Wer den höchsten Berg der Welt besteigen will und es noch nie getan hat, besteigt vorerst den fünfthöchsten Berg der

Welt und stellt sich dabei vor, dass er den höchsten besteigt. Er besteigt diesen Berg so oft, bis es ihm keine Mühe mehr macht. Dann besteigt er den vierthöchsten Berg der Welt so oft, bis es ihm keine Mühe mehr macht, und stellt sich dabei vor, dass er den höchsten Berg besteigt. Und so weiter.

Auf diese Weise baut er das Risiko Schritt für Schritt ab, indem er mithilfe der Phantasie das scheinbar Unmögliche in den Bereich des Möglichen projiziert.

Das Ergebnis: Für den Sieger wird auf diese Weise die Besteigung jedes der fünf Berge zum Sieg, während sich nach der Besteigung des zweithöchsten Berges der Sieg über den höchsten als automatische Folge ergibt.

Oder, um es anders zu sagen: Die Fähigkeit des Siegers entspricht beim Sieg aufgrund des zielstrebigen Trainings von Körper und Phantasie vollkommen den Erfordernissen nach der großen Einheit zwischen Sieger, Zeit und Umständen.

Auf dem Weg über die Grenze zwischen der Vernunft und den Möglichkeiten, die unsere Phantasie uns im Freiraum des Risikos erschließen kann, spielt – wie wir in unserem Ablaufmodell gesehen haben – die Entscheidung eine wichtige Rolle.

In der Phase der Entscheidung darüber, ob wir im Lebensspiel das scheinbar Unmögliche wagen oder davor zurückschrecken, kann man bereits den Sieger vom Verlierer unterscheiden.

Wenn der Sieger eine Entscheidung gefällt hat, gibt es für ihn nach den uns bekannten Regeln des Lebensspiels keine Entschuldigung mehr, diese Entscheidung nicht zu verwirklichen. Dies bedeutet, dass er seine ganze Energie und Phantasie für die Verwirklichung einsetzen kann.

Der Verlierer hingegen teilt seine Energie und Phantasie in zwei halbherzige Bemühungen:

- Mit der einen halben Kraft versucht er, den Sieg zu erringen.
- Mit dem Rest bereitet er die Niederlage vor.

Die dafür klassische Formel lautet, wie wir wissen: »Ich habe ja wirklich alles Menschenmögliche versucht, aber es ging einfach über meine Kräfte.« Eine durchaus verständliche Entschuldigung, wenn man bedenkt, dass der Verlierer ja nur halbe Kräfte für die Verwirklichung einer Aufgabe einsetzt.

Das Argument: »Es ging einfach über meine Kräfte« sagt schließlich nichts anderes aus, als dass der Betroffene sich nicht vorstellen wollte, dass in ihm weitaus größere Kräfte schlummern, die er nur aktivieren und trainieren müsste.

Zur Strategie des Verlierers, von Anfang an eine mögliche Niederlage vorzubereiten, gehört der bewährte Trick, die Niederlage in einen Schein-Sieg umzuwandeln. Dies geschieht mithilfe folgender drei Variationen:

1. Er redet nicht viel darüber und lässt Gras darüber wachsen.
2. Er täuscht durch eine neuerliche Entscheidung darüber hinweg, dass die erste noch keineswegs in die Tat umgesetzt ist. Diese Variante wird auch die »Politiker-Variante« genannt.
3. Er projiziert die Schuld für die Niederlage auf andere und rechtfertigt sich, indem er sagt: »Ich habe gleich geahnt, dass es so nicht geht.«

Ein vorausschauender Verlierer verbraucht für die Vorbereitung eines Schein-Sieges so viel Phantasie, dass es völlig unmöglich wäre, mit dem übrig gebliebenen kärglichen Rest einen Sieg zu erringen.

Welche Möglichkeiten hingegen die Phantasie für einen Sieger bei der Bewältigung von Krankheiten bietet, zeigt das Beispiel eines krebskranken Mannes, das von Carl Simonton, dem Leiter des Krebsberatungs- und Forschungszentrums in Fort Worth im amerikanischen Bundesstaat Texas, beschrieben wurde.

Der Mann, nennen wir ihn X, hatte Kehlkopfkrebs, konnte kaum mehr seinen Speichel schlucken und litt unter starken Atembeschwerden. Die Ärzte bezeichneten seine Chance, die Krankheit in den kommenden fünf Jahren zu überleben, mit weniger als fünf Prozent.

Simonton wandte bei dem Patienten eine zweifache Methode an:

1. Eine Strahlentherapie.
2. Selbstbehandlung durch die eigene Phantasie.

Der Mann sollte sich täglich dreimal fünf bis fünfzehn Minuten Zeit für seine Selbstbehandlung nehmen. Morgens beim Aufstehen, nach dem Mittagessen und abends vor dem Zubettgehen. In dieser Zeit sollte er sich an einen Platz setzen, wo er nicht gestört werden konnte. Dann sollte er sich vorstellen, wie sich seine Muskeln – vom Kopf bis zu den Zehen – entspannen.

Später sollte er seiner Phantasie freien Lauf lassen, im Geiste einen stillen Ort finden, an dem er sich niederlässt. An einem Bach, unter einem Baum oder vielleicht auf einer Wiese.

Schließlich sollte sich der Mann so intensiv wie nur möglich und in welcher Gestalt auch immer – seinen Krebs ausmalen. Der Kranke entwickelte daraufhin in der Phantasie folgendes Bild zur Ergänzung seiner Strahlentherapie:

Er stellte sich vor, wie durch die Behandlung seine Zellen – gesunde wie kranke – durch Millionen von Energiekügelchen bombardiert werden. Die starken, gesunden Zellen widerstehen diesem Bombardement, während die schwächeren, kranken Zellen vernichtet werden.

Schließlich ließ der Mann in seiner Phantasie Heerscharen von rettenden weißen Blutkörperchen herbeieilen. Sie stürzten sich auf die toten und sterbenden Krebszellen und schafften sie zu Leber und Niere, wo sie aus dem Körper geschwemmt wurden.

Abschließend stellte sich der Patient vor, dass auf diese Weise der Krebs immer mehr schrumpfte, bis sein Zustand wieder normal war.

Carl Simonton berichtet, dass durch diese Vorstellungen die Strahlentherapie außergewöhnlich gut wirkte. Nach einiger Zeit konnte der Mann wieder essen. Er wurde zusehends kräftiger und nahm an Gewicht zu. Allmählich verschwand der Krebs ganz.

Er wurde aus der Behandlung entlassen und benützte später seine Phantasie auch noch dazu, etwas gegen seine Impotenz zu unternehmen, an der er seit 20 Jahren litt. Nach einigen Wochen konnte er wieder regelmäßig Geschlechtsverkehr ausüben.

Man kann sagen, dass dieser unbekannte ehemalige amerikanische Krebspatient zu den Anhängern von »Siegen, ohne zu kämpfen« gerechnet werden muss. Vor allem deshalb, weil er seinen jüngsten Sieg mit den Worten kommentiert hatte: »Jetzt weiß ich, dass man die Frage der Potenz nicht mit dem Penis, sondern mit der Phantasie lösen sollte.«

Eine weise Erkenntnis, wie sie wohl nur ein Sieger haben kann.

7
Der Sieg über die Allmacht
der Vernunft

Zu den wirkungsvollsten Hindernissen, die sich dem Siegen in den Weg stellen, gehört die »Sei-vernünftig«-Spielvariante. Sie geht davon aus, dass wir von Kindheit an gelernt haben,

- vernünftig zu sein,
- immer klaren Kopf zu bewahren,
- auf dem Boden der Realität zu bleiben
- und auch sonst nichts Unvernünftiges zu tun.

Dabei ist diese so genannte Vernunft nichts anderes als ein Hemmschuh, der uns daran hindern soll, etwas zu wagen, was für einen ängstlichen Durchschnittsbürger unverständlich ist.

Vernünftig zu sein bedeutet, die Durchschnittlichkeit als Maßstab seines Handelns anzuerkennen. Was der Durchschnitt richtig findet, gilt als vernünftig und richtig. Daraus ergibt sich die Schlussfolgerung von selbst, dass jemand, der immer nur »vernünftig« ist, kein wirklicher Sieger sein kann.

Denn ein Sieger kann sich nicht nach allgemein anerkannten Maßstäben des Durchschnittlichen orientieren. Er muss seine eigenen Wege gehen und darin konsequent, amoralisch und rücksichtslos sein.

Wie die Begriffe Moral, Liebe und Mut gilt auch das Vernünftigsein als geeignetes Instrument der Manipulation auf vielen Ebenen des Lebensspiels.

Eine intellektuelle Variante finden wir in der Medizin. Dort gilt es als Regel, dass ein Medikament erst dann zur Heilung eingesetzt werden kann, wenn es – wie die Formel lautet – »klinisch erprobt und wissenschaftlich abgesichert« ist.

Es kommt nicht selten vor, dass so ein Heilmittel hunderte Menschen von ihren Leiden oder vor dem Tod retten könnte, trotzdem aber nicht verwendet wird, weil es nach Ansicht medizinischer Autoritäten noch nicht genug »klinisch erprobt« ist.

Wobei es durchaus der Fall sein kann, dass die maßgeblichen Autoritäten nur deshalb ein Medikament nicht zulassen, weil sie selbst ein Beratungshonorar von einer anderen pharmazeutischen Firma erhalten als jener, die das fragliche Medikament auf den Markt bringen möchten.

Alle diese Zusammenhänge spielen jedoch keine Rolle, weil sie durch den Deckmantel der Wissenschaftlichkeit abgesichert sind. Die Wissenschaftlichkeit nimmt für sich in Anspruch, die oberste Instanz des Vernünftigen zu sein. Sie darf nicht in Frage gestellt werden. Woran sonst sollten sich die nach Autorität suchenden Verlierer orientieren?

Großartige Erfindungen, lebensrettende Medikamente und geniale Lösungen werden seit dem Zeitpunkt, zu dem die Vernunft zur Allmacht erhoben wurde, in ihrem Namen verdammt und verhindert.

Wer die Vernunft besiegt und sein Lebensspiel nach reellen Erfolgschancen und nicht danach beurteilt, ob es vernünftig ist, wird in seinem Denken und Handeln frei für alles, was zum Sieg führt.

Im Alltag wird der »Sei-vernünftig«-Hemmschuh nicht selten im ehelichen Liebesspiel angewandt. Hier ist eine Variante:

Mann und Frau liegen im Bett. Es ist zehn oder elf Uhr abends. Das Licht ist bereits ausgeschaltet.

Der Mann verspürt bereits seit einiger Zeit das Bedürfnis nach sexueller Befriedigung. Er rückt näher an seine Frau heran und berührt ihre Brust.

Sie denkt: »O nein, nicht schon wieder. Warum lässt er mich denn nicht in Ruhe?«

Sie denkt es, aber sie sagt es nicht, weil sie als gute Ehefrau und nicht als unwillige Geliebte erscheinen möchte. Sie zuckt also bei der Berührung leicht zusammen und tut so, als hätte sie schon geschlafen. So versucht sie, dem Ehemann ein Schuldgefühl zu vermitteln, weil er sie im Schlaf gestört hat.

Aber in diesem Fall ist sein sexuelles Verlangen stärker als das Schuldgefühl. Er zieht sich nicht zurück, sondern setzt sein Eroberungsspiel mit einem weiteren Zug fort, indem er halb laut sagt: »Hättest du nicht auch Lust?«

Darauf bringt sie die »Sei-vernünftig«-Variante ins Spiel. Sie lautet: »Ja, schon, Liebling. Aber du musst vernünftig sein, wir müssen morgen sehr früh aus dem Bett und haben einen schweren Tag vor uns.«

Es muss nicht ausdrücklich betont werden, dass dieses Spiel durch das Fortschreiten der weiblichen Emanzipation immer häufiger auch mit vertauschten Rollen gespielt wird: Der Mann wehrt den Angriff der Frau ab. Die Argumente mögen dabei verschieden sein, die Methode jedoch bleibt gleich.

Die Forderung nach dem Vernünftigsein hindert viele Menschen daran, ihre tatsächlichen Wünsche und Ziele im Leben zu erfüllen. Schon der Einwand eines Mitmenschen: »Was Sie da vorhaben, widerspricht doch jeder Vernunft« oder »Eigentlich hätte ich Sie für vernünftiger gehalten« lässt ihn davor zurückschrecken, einen Sieg anzustreben. Er wirft vielmehr alle seine großartigen Pläne über Bord, macht sich selbst den Vorwurf, ein Phantast zu sein, und fügt sich in die Niederlage.

Diese Niederlage war von jenem Augenblick an programmiert, als er sich dem Vernünftigsein als Maßstab seines Handelns unterwarf. Schon die Entscheidung: »Von heute an will ich nicht mehr vernünftig, sondern glücklich sein« wäre ein erster wichtiger Schritt zum »Siegen, ohne zu kämpfen« gewesen.

Es ist einleuchtend, dass sich jemand, der ein Ziel vor Augen hat, dessen Erfüllung ihn glücklich machen könnte, für den Rest seines Lebens auf einen verhängnisvollen Kampf mit sich selbst einlässt. Sein Instinkt sagt ihm: Ich möchte mein natürliches Bedürfnis nach Erfolg befriedigen. Sein eingelernter Verhaltensmechanismus verpflichtet ihn jedoch, es nicht zu tun, weil es nicht vernünftig ist.

So gesehen, kann gesagt werden, dass jeder so genannte Sieg der Vernunft eine Niederlage in dem Bemühen ist, seine tatsächlichen Wünsche und Bedürfnisse zu erfüllen.

Zu den zwei für jeden Sieger gefährlichsten Spielvarianten zählen »der olympische Gedanke« und das »Erfahrungsargument«.

Der olympische Gedanke geht davon aus, dass es wichtiger ist, an einem Spiel teilgenommen, als es gewonnen zu haben. Anders ausgedrückt bedeutet dies: Wer zu bequem ist, sich gut genug vorzubereiten, um einen Sieg erringen zu können, braucht sich als Entschuldigung nur auf den olympischen Gedanken zu berufen. Er nimmt an einem Spiel teil und weiß von vornherein, dass er dem Sieger nur durch seine Niederlage den Sieg möglich macht.

Eine ähnliche Denkweise ist auch bei Generälen festzustellen, die den Sturmangriff auf eine feindliche Stellung planen. Sie wissen genau, dass dabei vierzig, fünfzig oder sechzig Prozent ihrer eigenen Soldaten sterben werden. Aber angesichts der Anerkennung, die den Generälen durch eine gewonnene Schlacht zuteil wird, erscheint ihnen dieses Opfer durchaus vernünftig.

Dies deutet auf die Relativität des Vernunftbegriffes hin, der nicht selten bei der Variante »Erfahrungsargument« zu beobachten ist.

Ein gängiges Modell lautet:

A hat eine Idee, das Problem X zu lösen.

B ist älter als A und darauf bedacht, dass der jüngere Kollege ihm nicht über den Kopf wächst. Er reagiert auf den Vorschlag von A mit dem Argument: »Meiner Erfahrung nach führt dieser Weg nicht zum Ziel.«

Eine aggressivere Formel wäre: »Aber, aber, junger Freund, wo kämen wir denn hin, wenn jeder dahergelaufene junge Spund die alten bewährten Methoden über den Haufen werfen dürfte.«

Einen Sieg zu erringen bedeutet, alle Chancen zu nützen und alle Hindernisse zu überwinden, die sich in den Weg stellen. Wobei es gleichgültig ist, ob dies schon beim ersten oder erst beim hundertsten Versuch gelingt. Der Sieg besteht schließlich nicht darin, sofort ans Ziel zu gelangen, sondern in der Entschlossenheit, jedes Risiko einzugehen und sich durch niemanden hindern zu lassen.

Die Entschlossenheit, einen Sieg zu erringen, den uns niemand zutraut, ist nach dem Prinzip »Der Weg ist das Ziel« bereits ein Sieg.

Dies ist eine der wichtigsten Erkenntnisse von »Siegen, ohne zu kämpfen«, an der kein Anhänger dieser Kunst vorbeigehen kann.

TEIL II
Sechs Widerstände, die dem Siegen im Wege stehen

Wer die sieben Siege kennt, die jeder Mensch in seinem Leben erringen sollte, hat den ersten Schritt auf dem Weg von »Siegen, ohne zu kämpfen« gemacht.

Aber sein Ziel zu kennen und die Philosophie seines Lebensspiels zu verstehen ist nur der Anfang. Wer in diesem Spiel einen wirklichen Sieg erringt, ohne ihn erringen zu wollen, muss mit seinen Zielen vertraut sein, aber er muss darüber hinaus seine Gegner genauso gut kennen wie sich selbst.

Dies ist die Voraussetzung dafür, mit dem Gegner in Harmonie zu sein, wie der Boxer Ernst Weiss bei seinem spektakulären Sieg am 5. Oktober 1936 bei der Europameisterschaft im Fliegengewicht in Paris. Er war so vollkommen in Harmonie mit seinem Konkurrenten, dass er ihn nur mit einer Hand besiegte. Mit seiner Linken.

Was nun die Widerstände betrifft, die dem wahren Siegen im Wege stehen, so wissen wir, dass sie viel mehr in uns selbst zu suchen sind als anderswo. Denn was immer er in dieser Welt verändern möchte, ändert ein Anhänger des »Siegens, ohne zu kämpfen« bei sich selbst.

Das wieder bedeutet: Die Harmonie mit der Welt, unseren größten Gegnern und den Widrigkeiten des Lebens herzustel-

len beginnt damit, dass wir die Harmonie mit uns selbst finden. Schließlich muss es für jeden denkenden Menschen absurd erscheinen, den Frieden in der großen weiten Welt zu fordern – aber mit sich selbst in Unfrieden zu leben. Oder seinem Partner. Oder Nachbarn. Das wäre schließlich so, als wollten wir jemandem das Autofahren beibringen, aber wissen selbst nicht, wie man das Gaspedal betätigt.

Mehr über den Umgang der Widerstände in uns selbst, die dem »Siegen, ohne zu kämpfen« hinderlich sind, erfahren Sie auf den folgenden Seiten.

1
Die Zweifel an den unbegrenzten Möglichkeiten, die in jedem von uns stecken und nur darauf warten, genützt zu werden

Vor einigen Jahren trat eine ältere, rundliche Dame im Fernsehen auf und erzählte ein paar Einzelheiten aus ihrem Leben, die keinen Zweifel darüber ließen, dass sie eine Anhängerin von »Siegen, ohne zu kämpfen« ist.

Diese Frau Maria D. besuchte in ihrem ganzen Leben nicht mehr als vier Klassen Grundschule. Sie war dreißig Jahre verheiratet und schenkte fünf Kindern das Leben.

Ihr Mann war ein Tyrann. Er ließ sie nichts von dem tun, was ihr Freude gemacht hätte. Wenn sie ein Buch lesen oder gar einen Abendkurs besuchen wollte, um sich weiterzubilden, sagte er nur: »Das brauchst du nicht. Dazu bist du doch zu blöde.«

Diese Frau war immerhin schon vierundfünfzig Jahre alt, da beschloss sie, ihr Leben neu zu gestalten. Als sie ihrem Mann sagte, dass sie sich von ihm trennen wollte, drohte er mit Selbstmord, um sie zu erpressen. Er fürchtete wohl, nie wieder eine so anspruchslose, gehorsame Partnerin zu finden. Aber Frau D. setzte schließlich doch – zum ersten Mal in dieser Ehe – ihren Willen durch.

Von ihrem Mann bekam sie nach der Trennung ein wenig Geld, aber das war kaum der Rede wert. Sie selbst übte nie einen Beruf aus. Trotzdem dachte sie keinen Augenblick: »Ich weiß nicht, wovon ich leben soll, ich habe ja nichts gelernt.«

Sie war also schon über fünfzig, als sie sich in einer Volkshochschule als Gymnastiktrainerin für Senioren einschulen ließ. Fünf Jahre später leitete sie vier Seniorenclubs und zeigte in Altersheimen Achtzigjährigen, wie man mit richtigem Bewegungstraining fit bleibt.

Dies ist nur die äußere Entwicklung der Maria D. von der unterdrückten Ehefrau zur selbstbewussten Seniorin. Noch viel faszinierender ist die innere Einstellung, mit der sie ans Werk ging.

Kurz nach der Trennung von ihrem Mann hatte sie unter anderem einen Kurs besucht, in dem die Teilnehmer auf zwei Möglichkeiten hingewiesen wurden, aus ihrem Leben mehr zu machen:

- Mit der Kraft des positiven Denkens.
- Durch die Wirkung des richtigen Atmens.

Während die meisten anderen Teilnehmer diese Hinweise wohl bald wieder vergessen hatten, machte sie Frau D. zu ihrem Lebensprinzip. Es vergeht seither kein Tag, an dem sie nicht morgens nach dem Aufstehen zehn oder zwanzig tiefe Atemzüge macht und positive Vorstellungen wie eine Werbebotschaft vor ihrem inneren Auge abrollen lässt.

Es sind Vorstellungen wie:

- »Mein Leben ist schön, ich bin stark und glücklich.«
- »Dies ist ein wunderbarer Tag.«
- »Was immer auch geschieht, ich schaffe es.«

Später entdeckte sie, dass sie durch fünf oder zehn ruhige, tiefe Atemzüge Depressionen überwinden, Schmerzen beseitigen und Lebensfreude aufbauen konnte.

Aber damit noch nicht genug. In der erwähnten Fernsehsendung erzählte sie, wie sie sich ein kleines Geschwür am Kopf »weggeatmet« habe.

Das Geschwür hatte ihr zwanzig Jahre lang Sorgen gemacht. Die Ärzte konnten ihr nie so recht sagen, ob es gefährlich war oder nicht. Da dachte sie eines Tages: »Wenn ich mir schlechte Laune wegatmen kann, warum nicht auch dieses ärgerliche Ding auf meinem Kopf?«

Eine Woche lang tat sie täglich ein-, zweimal Folgendes: Während ihrer Atemübungen stellte sie sich mit geschlossenen Augen vor, wie sich beim Einatmen die »ganze heilende Kraft des Universums« auf das Geschwür konzentrierte. Beim Ausatmen stellte sie sich vor, wie sie es sich Stück für Stück »wegatmete«.

Nach einer Woche bemerkte sie eines Morgens, als sie sich frisierte, dass das Geschwür verschwunden war.

Nun mag der kritische Leser über diesen Selbstversuch denken: »Na ja, so etwas mag es schon geben. Aber wahrscheinlich ist es nichts weiter als Einbildung.« So jedenfalls urteilten später einige Ärzte nicht ohne verhohlenen Spott über diesen Fall.

Trotzdem ist dies ein klassisches Modell dafür, wie sich das Leben eines Menschen zu seinem Besten veränderte, nachdem er beschlossen hatte, eigene Kräfte zu mobilisieren, die offensichtlich nur darauf gewartet hatten, genützt zu werden.

Was, so kann man nun fragen, unterscheidet Maria D. von vielen anderen Frauen, die gescheiter, reicher, schöner und jünger, aber nicht mit sich zufrieden sind?

Hier sind einige Faktoren, die für jemanden interessant sein könnten, der seit Jahren frei und glücklich sein möchte, aber nie den Mut findet, den entscheidenden Sieg über sich selbst zu erringen:

1. Als Frau D. erst einmal den Entschluss gefasst hatte, das Leben zu führen, das sie führen wollte, konnte nichts sie davon abbringen, es zu tun. Weder die Ausrede: »Wovon soll ich denn leben, ich habe ja nichts gelernt« noch die Selbstmorddrohung ihres Mannes.
2. Sie verließ sich auf niemand anderen, als sie anfing, ihr Leben neu zu gestalten. Selbst wenn sie jemand gefragt hätte, ob sie sich in ihrem Alter auf das Abenteuer der Freiheit einlassen sollte, hätte man ihr doch nur entsetzt davon abgeraten.
3. Sie baute ihr Leben auf zwei einfache Fähigkeiten auf, die sie unermüdlich übte und weiterentwickelte: die Kraft, die sie aus dem tiefen Atmen schöpfte, und das konsequente positive Denken, mit dem sie Zweifel oder Ängste erst gar nicht aufkommen ließ.

Oder, um es in der Sprache von »Siegen, ohne zu kämpfen« auszudrücken: Richtiges Atmen und positives Denken waren ihre Instrumente, mit denen sie Zweifel, Ängste und Krisen an sich vorbei ins Leere lenkte. Das vorliegende Beispiel lässt zwei erstaunliche Erkenntnisse zu:

• Nachdem Maria D. sich erst einmal dafür entschieden hatte, die Lösung aller ihrer Probleme bei sich zu suchen, entdeckte sie sehr bald, dass sie dazu in sich selbst auch die erforderlichen Kräfte besaß.
• Als sie dann anfing, diese Kräfte für sich arbeiten zu lassen, ergaben sich daraus ganz von selbst immer neue Lösungen für die Gestaltung ihres Lebens.

Als diese Frau einmal in einem Vortrag vor hunderten Zuhörern eine Abfolge von Körperübungen zeigte, die sie erfunden hatte, fragte sie ein Universitätsprofessor, ob sie diese Methode beim gleichen indischen Meditationslehrer gelernt habe wie er.

Frau D. allerdings kannte weder diesen Inder, noch hatte sie jemals davon gehört, dass es diese Übungen schon irgendwo gab. Sie war selbst auf Lösungen gestoßen, die anderswo andere Menschen schon vor Jahrhunderten entdeckt hatten und praktizierten.

Man kann auch sagen: Zu jeder Zeit kann jeder Mensch die richtigen Erfordernisse für die Bewältigung seines Lebens in sich finden. Vorausgesetzt, er macht sich auf den Weg, sie zu suchen.

»Siegen, ohne zu kämpfen« kann in diesem Sinne interpretiert werden: Wer alle Lösungen bei sich selbst sucht, ist auf dem besten Weg. Wer seine Lösungen anderswo zu finden hofft, lässt die Möglichkeiten verkümmern, die in ihm schlummern.

Was sind das nun für Gründe, die uns daran hindern, alle Möglichkeiten zu nützen, die wir besitzen?

Hier sind einige davon:

1. Wir werden von Kindheit an dazu erzogen, anderen Menschen mehr zu glauben als uns selbst.
2. Wir leben in einer Zeit der so genannten Experten, die aus verständlichem Interesse nicht müde werden, uns einzureden, dass sie alles wüssten und wir nichts.
3. Wir orientieren unser Handeln nach dem, was die meisten Menschen tun. Unser Maßstab sind also Durchschnitt und Mittelmaß. Das Ziel ist, nur nicht aufzufallen. Denn nichts ist als Rechtfertigung für versäumte Siege bequemer als der Hinweis: »Was die meisten Menschen tun, ist auch gut genug für mich.«

4. Wir haben uns daran gewöhnt, die großartigen Leistungen andere Leute vollbringen zu lassen und sie im Fernsehen als Voyeure mitzuerleben. Dies genügt uns als Scheinbefriedigung unserer Bedürfnisse nach Glück, Risiko und Abenteuer.

Man kann sagen, dass das Spiel des Lebens für die meisten Menschen zu einem Ersatzleben geworden ist. Sie delegieren Leiden und Freuden und geben sich mit einer Projektion ihrer Gefühle zufrieden, die sie daheim in Hausschuhen vor dem Fernsehapparat erleben.

Die zur neuen Lebenskultur gewordene Ersatzbefriedigung perfektioniert das Verlieren zum Lebensziel. Das Modell dieser Niederlagenvariante lautet:

A beginnt das Spiel mit dem verständlichen Wunsch, es zu gewinnen.

Er stellt bald fest, dass ein Sieg als höchstes Ziel auch ein höchstes Maß an Einsatz verlangt.

Diese Erkenntnis bringt ihn in Widerstreit mit dem eingelernten Lebensprinzip: »Der Schlaue strebt danach, mit geringstem Aufwand den größten Gewinn zu machen.« Oder wie es in der so genannten Sozialvariante heißt: »Soziale Gerechtigkeit ist, wenn der Faule genauso gut lebt wie der Fleißige.«

A überlegt also: »Wenn das so ist, dann erringe ich meinen Sieg nicht selbst, sondern lasse andere mir dabei helfen.« Je mehr andere ihm aber helfen, umso weniger hält A es für notwendig, seine eigenen Kräfte zu entwickeln, die zum wirklichen Siegen notwendig wären.

Er wird bequem und gibt sich irgendwann einmal damit zufrieden, seine Niederlagen als Siege zu interpretieren.

Wer die Grundlagen von »Siegen, ohne zu kämpfen« versteht, weiß längst, dass jeder, der sich auf die Hilfe anderer verlässt, keinen wirklichen Sieg erringen kann.

Wirkliche Siege gelingen nur, wenn wir unsere eigenen Kräfte immer besser entwickeln, indem wir die Konfrontationen suchen, statt vor ihnen davonzulaufen.

2
Die Bequemlichkeit, nicht für
sich selbst zu denken

»Siegen, ohne zu kämpfen« geht davon aus, dass es der Sinn unseres Lebens ist, sich seinen individuellen Möglichkeiten entsprechend vollkommen zu entfalten. Der wirkliche Sieg im Lebensspiel kennt also keine äußeren Unterscheidungen. Jeder hat eine Chance. Es liegt alleine an ihm, sie zu nützen. Es mag überheblich klingen, wenn hier behauptet wird, dass die »vollkommene individuelle Entfaltung« nichts anderes bedeutet, als seine eigene Einmaligkeit zu entdecken und zu entwickeln. Denn eine wichtige Voraussetzung des kampflosen Sieges besteht darin, jedem äußeren Gegner durch die richtige innere Einstellung überlegen zu sein.

Verlierer orientieren sich nach dem, was alle anderen tun, was gängig, erlaubt und anständig ist. Das heißt, dass sie nicht die geringste Chance haben, einen Sieg ihrer Einmaligkeit zu erringen, weil sie ja nichts weiter als Bestandteil eines uniformierten, unüberschaubaren Durchschnitts sind.

Das Wesen der Durchschnittlichkeit zeigt sich im Verlust der Fähigkeit, für sich selbst im Sinne seiner einmaligen Möglichkeiten zu denken. Das dafür typische Modell lautet:

A erkennt eines Tages, dass er den Höhepunkt seines Lebens erreicht hat. Er fragt sich: Gibt es noch irgendetwas, was ich mir erfüllen könnte? Seine Antwort: Nein, ich habe mich erfüllt.

A denkt: Eigentlich ist es sinnlos geworden weiterzuleben. Jeder Tag ohne wirklichen Lebenssinn verwischt die Großartigkeit der schönen Jahre. Er denkt auch: Ist es nicht unwürdig, einfach nur darauf zu warten, bis ein Zufall meinem Leben ein Ende setzt?

A könnte nun seine Gedanken weiterspinnen und zu dem Schluss kommen: Wenn der wirkliche Sieg darin besteht, von niemandem abhängig zu sein, den Lauf seines Lebens den eigenen individuellen Möglichkeiten entsprechend selbst zu bestimmen, dann ist es an der Zeit, meinen Tod selbst herbeizuführen.

Vor solchen Überlegungen jedoch schreckt A zurück. Er lebt weiter. Aber wie? Einerseits in der Angst vor dem Sterben, andererseits fürchtet er das Erwachen an jedem neuen Tag ohne Lebensinhalt. Er lässt andere für sich so oder ähnlich zu Ende denken:

- »Selbstmord? Das kannst du deinen Lieben nicht antun.«
- »Diese Schande wird deine Familie nie verwinden.«
- »Nur ein Feigling flüchtet in den Tod.«

Und so weiter und so weiter.

Wie würde die Schlussfolgerung von A lauten, wenn er Begriffe wie »Schande«, »Feigheit« oder auch »Selbstmord« längst besiegt und gelernt hat, seine eigenen Gedanken zu Ende zu denken? Also gelernt hat, den Sieg der Konsequenz seiner eigenständigen Gedanken zu erringen? Denn zweifellos stellt es eine Niederlage dar, wenn man vor einer unbequemen eigenen Schlussfolgerung auf von anderen Leuten vorgedachte Schablonen ausweicht.

»Siegen, ohne zu kämpfen« ist die höchste Form des Siegens zur Verwirklichung der eigenen Individualität. Es bedeutet: den Sieg erringen, wenn die Zeit des Siegens gekommen ist. Nicht früher, nicht später, sondern jetzt.

Dies ist die konsequente Logik des Handelns. Es kann keinen Zweifel darüber geben, dass es auch die Konsequenz des Sterbens ist. Zu sterben, sobald der einzig richtige Zeitpunkt gekommen ist, bedeutet im Sinne von »Siegen, ohne zu kämpfen«: den letzten, den allerletzten Sieg im Lebensspiel nicht aus der Hand zu geben.

Dies ist allerdings nur für jemanden möglich, der seine Abhängigkeit vom Leben besiegt hat. Noch am Leben zu hängen und den Tod selbst herbeizuführen wäre im Sinne von »Siegen, ohne zu kämpfen« keinesfalls ein Sieg. Wie auch die Selbsttötung kein Sieg ist, sondern nur der selbstverständliche Vollzug des geistigen Sieges über die Abhängigkeit vom Leben.

Die Formel: »Kein Mensch hat das Recht, seinem Leben selbst ein Ende zu bereiten« ist die Quintessenz aller Bevormundungen eines Menschen. Wie könnte er im Stande sein, irgendeine banale Alltagsentscheidung in seinem individuellen Interesse zu fällen, wenn er die entscheidendste aller seiner Entscheidungen nicht selbst fällen darf? Jene über den Zeitpunkt seines Todes?

Es mag deshalb durchaus stimmen, dass die Entscheidung über den eigenen Tod der endgültige Prüfstein für »Siegen, ohne zu kämpfen« ist.

Eines jedenfalls kann gesagt werden: Die Formel »Ich sterbe, wenn der richtige Zeitpunkt gekommen ist, und gebe diesen letzten Zug im Spiel meines Lebens nicht aus der Hand« ist in ihrer Klarheit der herkömmlichen Moral überlegen.

Nichts zeigt dies deutlicher als die Frage: »Wann darf ich töten?«

Hier ist eine Liste von Antworten, aus denen sich jeder Verlierer die für ihn bequemste aussuchen kann:

- Im Krieg musst du den Feind töten. Auch wenn er dir nie etwas getan hat.
- Wenn dein eigener Kamerad Fahnenflucht begeht, darfst du ihn ebenfalls töten. Allerdings nur auf Befehl.
- Wenn du jemanden tötest und das Gericht kann es dir nicht beweisen, stellt dies eine nachträgliche Rechtfertigung des Tötens dar.
- Wenn du getötet hast, darfst du in manchen Ländern auch getötet werden. In anderen Ländern nicht.
- In manchen Ländern darf ein Kind vor der Geburt nach den Gesetzen des Staates abgetrieben, also getötet werden. Nach den Gesetzen der Religion aber ist es eine Sünde.
- Es gäbe kein Christentum, wenn Jesus nicht getötet worden wäre. Es ist unklar, ob dadurch seine Tötung gerechtfertigt ist. Jedenfalls hat die Religion, die durch den Tod eines Menschen existiert, das »Du darfst nicht töten« zur Maxime erhoben.
- Ärzte dürfen Todkranken zu den unmenschlichsten Qualen verhelfen, aber sie dürfen diese Qualen nicht durch Töten beenden.

Ein klassischer Fall in der Frage von Leben und Tod ist die Tötung des Bauernsohnes Helmut Maier durch seinen Bruder Gerhard im Jahre 1983.

Helmut Maier, vierundzwanzig Jahre alt, war in seinem Leben an dem Punkt angelangt, an dem nichts mehr einen Sinn zu haben schien. Er hatte von Kindheit an unter der beherrschenden Autorität seines Vaters gelitten. Später verließ ihn seine Frau mit dem Kind.

Maier war Metzger, deshalb versuchte er mit einem vertrauten Handwerksgerät Selbstmord zu begehen: mit einem

Schlachtapparat. Der Versuch misslang. Die Nervenstränge zwischen Gehirn und Körper wurden zerstört, und Helmut Maier wurde gelähmt in ein Krankenhaus eingeliefert. Er konnte nur noch seinen Kopf bewegen. Die Stimmbänder funktionierten nicht mehr.

Als sein Bruder ihn am Krankenbett besuchte, war der Patient an eine Beatmungsmaschine angeschlossen. Schläuche führten in Mund und Nase. Mit stummen Lippen konnte er die Bitte formulieren: »Gib mir Gift. Ich will nicht mehr leben.«

Helmut Maier hatte sich mit dieser Bitte schon an Ärzte und Krankenschwestern gewandt. Doch der Leiter des Spitals beharrte auf dem Prinzip: »Der Arzt ist nicht Herr über Leben und Tod. Deshalb lehne ich aktive Sterbehilfe ab.«

Für jeden Anhänger von »Siegen, ohne zu kämpfen« ist dieses Argument als Bluff-Variante im Lebensspiel zu erkennen. Aus folgenden Gründen:

Der Arzt erklärt, er sei nicht Herr über Leben und Tod, obwohl er sich gleichzeitig zum Herrn über Leben und Tod ernennt, indem er die Entscheidung fällt, dass Helmut Maier weiterzuleben hat. Gleichgültig, ob er will oder nicht.

Dies ist ein klassischer Fall von Bequemlichkeit, nicht selbst zu denken. Der Arzt versucht, seine Unfähigkeit, einen Fall den augenblicklichen Erfordernissen entsprechend zu beurteilen, mit der herrschenden Moral oder dem Gesetz zu entschuldigen.

Oder, um es anders auszudrücken: Ein moralisches Postulat dient ihm dazu, seine Niederlage zu rechtfertigen. Ein eindrucksvolles Beispiel dafür, wie Autorität als Scheinsieg-Variante ins Spiel gebracht wird.

Nach dem Versagen des Arztes, der damit aus dem Leben-Tod-Spiel ausschied, war nun Helmut Maiers Bruder Gerhard am Zug. Er wich der Forderung seines Bruders, ihm beim Sterben behilflich zu sein, nicht aus. Zuerst versuchte er, Gift aufzutreiben. Als es ihm nicht gelang, wollte er eine Waffe besorgen. Aber auch dieser Versuch misslang.

Schließlich beschloss er, den Gelähmten mit einem Küchenmesser zu töten. Er ging damit in das Krankenhaus. Dort unterbrach er vorerst in einem unbeobachteten Augenblick die Schläuche der Beatmungsmaschine. Aber diese Möglichkeit der Sterbehilfe versagte. Helmut Maier atmete auch ohne Maschine weiter.

Gerhard sagte daraufhin seinem Bruder, dass er ein Messer bei sich habe, und meinte: »Ich mache es aber nur, wenn du mir ein eindeutiges Zeichen gibst, dass du wirklich sterben willst.«

Helmut lächelte und nickte. Dann drang das Messer in sein Herz ein. Einige Sekunden später trat der Tod ein. Gerhard Maier wurde von einem Gericht zu einer bedingten Haftstrafe verurteilt. Seinem Bruder zuliebe hatte er die Angst vor der Strafe besiegt.

Selten wird so deutlich wie an diesem Fall, wie unerheblich die äußere Erscheinung eines Menschen ist, wenn es um Sieg oder Niederlage im Lebensspiel geht:

- Der Arzt besaß Autorität, wissenschaftliche Bildung, Einfluss und medizinische Kenntnisse. Aber in der Konfrontation mit einer Entscheidung, die er selbst fällen sollte, flüchtete er sich in ein fadenscheiniges Argument. Er erwies sich damit als Verlierer.

- Der Bruder des Gelähmten jedoch, ein dreißig Jahre alter gelernter Elektrotechniker, der nach einem Unfall eine Invalidenrente bezog, wurde den Erfordernissen des Augenblicks in vollkommener Weise gerecht. Er fällte eine Entscheidung, die seinen eigenen Möglichkeiten entsprach, und führte sie aus.

Gerhard Maier kann seither als Anhänger von »Siegen, ohne zu kämpfen« gelten. Niemand braucht es zu stören, dass er selbst davon nicht die geringste Ahnung hat.

Dies mag darauf hinweisen, dass es zum wahren Sieg weder einer Philosophie noch einer Strategie bedarf, sondern vielleicht nur einer intuitiven Übereinstimmung mit den natürlichen Gesetzen des Lebens. Und, wie man sieht, auch des Sterbens.

3
Die Angst vor Strafe und das Bedürfnis nach Lob

Es versteht sich ganz von selbst, dass in der Strategie des Siegens die Auseinandersetzung mit der Angst eine wichtige Rolle spielt. Die Angst ist das Grundmotiv des Kämpfens, das von allen, die uns für ihre Zwecke in den Krieg locken wollen, geschickt ausgenützt wird.

Auf fast allen Ebenen des Lebensspiels finden wir die Angst vor Strafe, die im Grunde genommen das Gleiche ist wie das Bedürfnis nach Lob. Der Unterschied liegt nur in der Wesensart des Betroffenen:

- Der *passive* Typ gehorcht erst, wenn er unter Druck gesetzt wird.
- Der *aktive* Typ übt vorauseilenden Gehorsam, um sich rechtzeitig beliebt zu machen, bevor Druck auf ihn ausgeübt wird.

Wie man sieht, ist die Angst der zentrale Motor des Handelns eines Verlierers. Der Sieger hingegen hat die Wertung für sein Handeln nach eigenen Maßstäben abgesteckt. Er kennt sie besser als jeder andere, er bekennt sich dazu und befolgt sie diszipliniert. Dies bedeutet, dass er weder einen Kritiker noch jemanden braucht, an dessen Anerkennung er sich aufrichten kann.

Er ist in der Beurteilung seines Handelns nur auf sich selbst angewiesen. Dies ist, wie wir wissen, die Voraussetzung eines wirklichen Sieges. Nur so kann er den Angriff durch Lob oder Tadel an sich vorbei ins Leere lenken.

Die Abhängigkeit von Lob und Tadel ist auf das Prinzip unserer Erziehung zurückzuführen. Es beruht auf der Erpressung durch Angst. Die Grundformel dafür lautet: »Zwinge jemandem einen Maßstab auf, dem er nicht gerecht werden kann, dann fürchtet er deine Kritik und ist für jede kleine Anerkennung dankbar.«

Diese Formel wird in ungezählten Spielvariationen abgewandelt:

- Die extremste Variante lautet: »Deserteure werden erschossen.« Damit zwingen seit Menschengedenken die Feldherrn ihren Soldaten die Entscheidung auf: »Wenn du ein Held bist, tötet dich vielleicht ein Feind. Wenn du wegläufst, wirst du mit Sicherheit von deinen eigenen Leuten erschossen.«

- Jede Frau, die dazu erzogen wurde, eine »gute Ehefrau und Mutter« zu sein, fürchtet nichts so sehr, wie gegen die Vorstellungen zu verstoßen, die damit verbunden sind. Ein raffinierter Mann zieht daraus Nutzen. Er lobt, um seine Frau zufrieden zu stellen, und kritisiert in regelmäßigen Abständen, damit ihr Selbstbewusstsein in den Grenzen bleibt, die er ihr steckt.

- Politiker spielen ein ähnliches Spiel mit den Bürgern. Vor den Wahlen erhält der Wähler den Eindruck, alle Macht läge bei ihm. Nach den Wahlen wird in Gremien und Parlamenten unermüdlich an den Gesetzen gearbeitet, mit denen der Bürger in seiner individuellen Freiheit bedroht und in die Schranken gewiesen wird. Wer protestiert, wird ausgelacht, ignoriert oder ausgestoßen.

Die Angst als Grundlage von Lob-Bedürfnis und Tadel-Angst beruht, wie leicht zu erkennen ist, auf folgenden fünf Faktoren:

1. Die Unterordnung unter fremde Wertmaßstäbe.
2. Die Unerreichbarkeit dieser Wertmaßstäbe.
3. Die Abhängigkeit von jemandem, der sich zum Beurteiler unseres Handelns autorisiert.
4. Die Angst vor Kritik und das Bedürfnis nach fremder Anerkennung.
5. Die Bereitschaft, den ständigen Kampf zu führen, um es unseren Beurteilern immer recht zu machen, um gelobt und nicht getadelt zu werden.

In klassischer Form wird dieses Modell im so genannten »Zuhälterspiel« praktiziert, wie es vor längerer Zeit in einem Prozess gegen Tibor Foco, den damals neunundzwanzig Jahre alten Besitzer eines Etablissements, aufgezeigt wurde. Foco war Motorradrennfahrer. Um seine Leidenschaft finanzieren zu können, kaufte er ein Nachtlokal. Später entdeckte er seine Fähigkeit, unerfahrene Mädchen von sich abhängig und zu Prostituierten zu machen.

Im Prozess, bei dem es um einen ungeklärten Mord an einem Mädchen ging, sagte er aus: »Jede Frau hat einen Knopf, den man finden muss, um sie zu beherrschen.«

Zu den Frauen, deren Knopf er fand, gehörte eine gewisse Regina U. Er hatte sie beim Trampen kennen gelernt und – wie er später mitteilte – bald herausgefunden, dass sie eine »masochistische Ader« besaß. Sie genoss es, während der Liebe geschlagen zu werden.

Die weiteren Schritte, um sie in sein Lob-Strafe-System einzuordnen, waren:

- Er befriedigte ihr sadomasochistisches Bedürfnis bereitwillig, bis sie davon abhängig wurde.
- Er überzeugte sie davon, dass sie für ihn in seinem Etablissement als Prostituierte anschaffen musste, um sich seine Liebesbezeugungen zu verdienen.
- Wenn sie genug Geld abliefern konnte, bekam sie, worauf er sie süchtig gemacht hatte.
- Auf die Frage des Richters, was er tat, wenn ihr Verdienst nicht seinen Erwartungen entsprach, antwortete Tibor im Prozess: »Dann bin ich eben nicht mit ihr ins Bett gegangen, bis sie wieder gespurt hat.«

Eine Freundin Reginas machte die Aussage: »Tibor hat es verstanden, eine Frau völlig in seinen Bann zu ziehen und ihre Persönlichkeit auf Null herunterzuschrauben, bis sie tat, was er wollte, nur um von ihm gelobt zu werden.«

Dieses Modell wird seit je von den Zuhältern angewandt. Es erwies sich als so erfolgreich, dass es in alle gesellschaftlichen Bereiche Eingang fand. Sogar in das allgemeine Familienleben. Dort ist es längst selbstverständlich, dass Eltern die Folgsamkeit ihrer Kinder mit Liebesentzug oder auch nur mit der Kürzung des Taschengeldes erpressen.

Angst bedarf also der Abhängigkeit. Diese entsteht aus dem Bedürfnis nach Anerkennung durch andere Menschen. Weil unter dieser Voraussetzung ein Sieg völlig unmöglich ist, ergibt sich für jeden Schüler von »Siegen, ohne zu kämpfen« die Frage: »Wie befreie ich mich von der Angst vor Strafe und dem Bedürfnis nach Lob?«

Die Antwort lautet: Indem ich nach eigenen Maßstäben lebe und meine Leistung selbst bewerte. Damit besiege ich in mir die Angst vor der Kritik anderer und vermeide den permanenten Kampf meines Wollens mit meinem Können.

Was jeder bei seinem Bemühen aus dem Beispiel des Zuhälters Tibo Foco lernen kann, ist dies: Wer es anderen überlässt, den »Knopf« unserer geheimsten Bedürfnisse zu entdecken, ist der Niederlage preisgegeben, wie sie jede Abhängigkeit von einem anderen Menschen darstellt.

Deshalb ist der erste Schritt zur eigenen Befreiung die intime Kenntnis seiner selbst. Wer alle seine Bedürfnisse kennt, kann sie selbst besiegen, ehe es andere zu ihrem Nutzen tun.

4
Das arglose Vertrauen in die Versprechungen der anderen

»Siegen, ohne zu kämpfen« – darauf kann gar nicht oft genug hingewiesen werden – hat nichts mit Krieg zu tun, also auch nichts mit Gewalt oder Aggression. Es ist vielmehr ein Spiel, das sich aus den natürlichen Abläufen aller Dinge ergibt.

Jeder kann die Regeln dieses Spiels selbst erkennen, wenn er tief genug in das Verständnis der Ordnung eindringt, die das Universum und damit auch unser Leben bestimmt. Was die meisten Menschen daran hindert, ist das blinde Vertrauen zu jenen Leuten, die vorgeben, die Regeln des Lebens besser als wir zu kennen.

Wer selbst nicht weiß, wozu er lebt, wer er ist und was er in seinem großen Lebensspiel erreichen kann, liefert sich den Leuten aus, die sich als Helfer anbiedern. Den Leuten, die immer nur unser Bestes wollen. Den selbstlosen Idealisten, den für das Volkswohl tätigen Funktionären, den Hütern der Wahrheiten und der so genannten Allgemeinheit.

Schon seit langer Zeit werden die größten Gemeinheiten im Namen der Allgemeinheit begangen. Unter dem Deckmantel gängiger, nichts sagender Floskeln, die wir alle gut kennen:

- Im Namen der Nächstenliebe.
- Im Interesse von Millionen leidender Menschen.
- Stellvertretend für das ungeborene Leben.
- Zum Wohle unseres ganzen Volkes.

- Für eine bessere Zukunft unserer Kinder und Enkel.
- Zur Rettung der Menschenwürde.
- Aus Ehrfurcht vor Gott, dem Allmächtigen.
- Um das Leid der Armen zu lindern.
- Um die Zukunft unseres Landes zu sichern.
- Zur Rettung des Abendlandes.
- Oder gar, um die größte Katastrophe aller Zeiten von der Menschheit abzuwenden.

Wer solche Phrasen ins Spiel bringt, kann damit rechnen, einen sicheren Schein-Sieg zu erringen. Es sind Phrasen, die ein geradezu blindes Vertrauen einflößen. Niemand wagt es, sich dagegen aufzulehnen. Es sind vorbestimmte und den Menschen von Kindheit an tief in ihr Denken eingemeißelte Wertvorstellungen. Was unter diesen Schlagworten an uns herangetragen wird, trägt das Siegel »wertvoll«, so unmenschlich es in Wahrheit auch sein mag.

Ein Spiel gegen solche Manipulationen zu gewinnen setzt zweierlei voraus:

1. Sie von vorneherein als Schein-Sieg-Variationen zu durchschauen.
2. Sie an uns vorbei ins Leere gehen zu lassen, bis ihre Scheinheiligkeit offen zu Tage tritt und unser überlegenes Vertrauen in die eigene Überzeugung den Sieg davonträgt.

Im Grunde genommen ist jeder von uns ständig der Spielvariante »Vertraue mir bedingungslos, damit ich dir helfen kann« ausgeliefert. Jeder verlangt, dass wir ihm einen Vorschuss auf Versprechungen geben, von denen wir nicht wissen, ob er sie jemals einlösen kann oder will.

Wer ernsthaft an »Siegen, ohne zu kämpfen« interessiert ist, sollte eines von vornherein wissen: Jede Versprechung ist genauso ein Schein-Sieg wie jede Forderung nach unserem bedingungslosen Vertrauen.

Einen Sieg zu erringen ist Realität. Wer von diesem Prinzip ausgeht, braucht nicht nur keinen Verlierer, er hofft nicht, argumentiert nicht, kündigt nicht an. Er braucht auch niemandes Vertrauen oder Versprechungen. Er siegt, und das ist ihm genug.

Wer »Siegen, ohne zu kämpfen« erlernen will, steht am Ende aller seiner Fortschritte, wenn er sich nicht zu der Entscheidung durchringen kann: »Ich vertraue mir, deshalb brauche ich niemand anderem zu vertrauen.«

So einfach dieser Satz klingt, so entscheidend sind seine Folgen. Er ist der Schlüssel zur Freiheit des Einzelnen in seinen Entscheidungen.

Wer diesen Schlüssel nicht besitzt, kann keinen wirklichen Sieg erringen, wie jedem kritischen Betrachter einleuchten wird. Er wird weiter von Widerständen bestimmt wie:

- »Das kann ich doch nicht tun, ich habe ja dem X versprochen, dass ...«
- »Leider muss ich darauf verzichten, so gerne ich es möchte, aber ich bin dem Y im Wort.«
- »Ich sehe ja alles ein. Aber es wäre ein Vertrauensbruch gegenüber Z.«

Formeln wie diese bauen sich als Hindernisse auf und hindern uns daran zu verwirklichen, was jetzt und hier getan werden soll. Ohne Hoffnung auf ein anderes Mal, ohne Hemmung, ohne Rücksichten und unter Vergeudung von Energie und Konzentration.

Siegen heißt: alle Kraft und allen Glauben für einen Spielzug einzusetzen, der gemacht werden soll.

Wer sich selbst vertraut und das Vertrauen von niemand anderem braucht, für den ergeben sich nahezu alle alltäglichen Entscheidungen von selbst.

Hier ist ein Beispiel:

Nach dem Krieg der Amerikaner in Vietnam befassten sich in den USA einige Mediziner mit der genauen Erforschung des Atmens. Sie stellten fest: Bei tiefem Atmen wird im Körper eine Substanz namens Endorphin ausgeschüttet.

Dieses Endorphin wandert im Blut in die Großhirnrinde und verdrängt dort Zweifel, Angst und Entsetzen aus unserem Bewusstsein.

Andere Untersuchungen wiederum zeigten, dass nach einer Dosis Heroin, die ins Blut gelangt, ebenfalls Endorphin ausgeschüttet wird, ins Großhirn gelangt und dort das Bewusstsein vor Angst und Entsetzen abschirmt.

Ein klassisches Beispiel von Selbstvertrauen und Fremdvertrauen im Lebensspiel: Sich auf sich selbst und sein bewusstes tiefes Atmen zu verlassen, um Angst und Entsetzen zu meistern, ist ein Sieg. Für das gleiche Ziel Vertrauen in das Rauschgift Heroin und das Versprechen eines anderen Menschen zu setzen, der es uns zu liefern verspricht, wenn wir es brauchen, kann nur ein Schein-Sieg sein.

Hat Ihnen schon einmal einer der vielen Erzieher, Vorgesetzten und bereitwilligen Helfer, die uns von Kindheit an umgeben, diese einfache Strategie vor Augen geführt? Natürlich nicht. »Warum eigentlich nicht?«, werden Sie jetzt vermutlich fragen, obwohl die Antwort auf der Hand liegt. Sie lautet: Sie alle sind Dealer, die uns das Rauschgift »Vertrauen und Versprechung« verkaufen, damit wir ihnen ausgeliefert sind.

Wenn Sie beispielsweise bei Ihrem Arzt nach Hilfe suchen, wird er Ihnen wahrscheinlich keine Lösung bieten, die Sie von ihm unabhängig macht.

Er wird Ihnen nicht sagen: »Machen Sie täglich morgens zehn ruhige Atemzüge, das hilft gegen Angst, gegen Kopfschmerzen, Asthma und Schlaflosigkeit und bereitet Ihnen Wohlbefinden.«

Er kann es Ihnen nicht sagen, weil Sie damit für ihn als zahlender Kunde verloren wären. Sicherlich, er wäre dann ein guter Arzt. Aber wie jeder weiß, sind Ärzte lieber reiche Ärzte als gute Ärzte.

Um es in der Sprache von »Siegen, ohne zu kämpfen« auszudrücken: Ein Arzt kann, wie auch der Verkäufer von Rauschgift, seinem Kunden keine Sieglösung anbieten. Dadurch könnte er das Vertrauen in sich selbst gewinnen und würde das Vertrauen in einen anderen nicht mehr brauchen. Wie ja ein wirklicher Sieger zum Sieg keinen Verlierer braucht.

Fragen Sie doch bei nächster Gelegenheit tatsächlich einmal Ihren Arzt, was er davon hält, dass Sie gegen Ihr Kopfweh oder die Schlaflosigkeit anstelle der von ihm verschriebenen Tabletten das einfache tiefe Atmen anwenden möchten.

Mit einem spöttischen, herablassenden Lächeln wird er sagen: »Na, dann versuchen Sie es doch. Sie werden schon sehen, wie weit Sie damit kommen.« So überlegen er sich dabei auch gibt, in Wahrheit ist er von der Angst erfüllt, Sie könnten jene Probleme in Zukunft gratis lösen, für deren Scheinlösung er bisher gutes Geld verlangte.

Ehe Sie eine Spielsituation wie diese herbeiführen, sollten Sie sich allerdings über eines im Klaren sein: Sie ist ein Prüfstein für Sie. Sie werden dadurch gezwungen, sich zu entscheiden:

- Vertrauen Sie weiter den Versprechungen Ihres Arztes und der pharmazeutischen Industrie?
- Oder verlassen Sie sich auf die Möglichkeiten, die Sie selbst bei sich entdecken und entwickeln können?

Das eine bedeutet, dass Sie weiter um das Vertrauen anderer kämpfen, obwohl Sie ganz genau wissen, dass Sie sich im Grunde genommen auf niemanden so verlassen können wie auf sich selbst.

Das andere ist ein Sieg.

Vorausgesetzt natürlich, Sie haben verstanden, worum es bei »Siegen, ohne zu kämpfen« wirklich geht.

5
Die Hoffnung, dass sich irgendetwas ohne unser Zutun zum Besseren ändert

Die meisten Menschen in unserer Umgebung leben ein Leben der ewigen Erwartung. Es ist das Spiel der unerfüllten Hoffnung, dass irgendwann einmal jemand kommt und uns alle Wünsche erfüllt.

Diese Einstellung ist für jeden Gegner eine ideale Voraussetzung dafür, das Erwartungsspiel zu spielen. Die einfache, aber wirkungsvolle Spielformel lautet:

1. Erwecke in jemandem die Erwartung auf etwas, das er aus eigener Kraft nie erreichen kann.
2. Mache ihm so lange Hoffnung, bis seine Erwartung so groß ist, dass er bereit ist, alles dafür zu geben.
3. Gib ihm immer wieder ein kleines Stückchen von dem, was er sich so sehnlich wünscht, damit seine Abhängigkeit erhöht wird und seine Erwartung nicht erlahmt.
4. Spiele dieses Spiel so lange, bis der andere dir aus der Hand frisst.

Auf diese Weise werden nicht nur arglose Kinder von Rauschgift abhängig gemacht, sondern auch Mitglieder von Gewerkschaften von der scheinbaren Sicherheit eines Arbeitsplatzes, Manager werden abhängig von Geld und Prestige und Männer von ihrem Bedürfnis nach sexueller Befriedigung.

Bei diesem Spiel mit der Erwartung kann von zwei Phasen

gesprochen werden: der Gewöhnung und der Erpressung. Wer sich einmal daran gewöhnt, von anderen Menschen etwas zu erwarten, was er selbst gerne erreichen möchte, hat damit schon seine Niederlage besiegelt.

Das Siegen setzt grundsätzlich eigenes Handeln voraus. Siegen, ohne zu kämpfen – also die höchste Stufe des Siegens –, erfordert ein Optimum an innerem Handeln. Oder, um es anders auszudrücken: Wer nicht von anderen etwas erwartet, sondern selbst handelt, hat die Weichen zum Siegen gestellt.

Weil die Mehrheit der Menschen sich lieber an Hoffnungen klammert als an die Realität der eigenen Fähigkeiten, gehört die Erpressung mit der Erwartung zu den beliebtesten Spielvariationen im Lebensspiel.

Die Spielzüge werden in vielen Erwartungsformen variiert. Hier sind nur einige Beispiele:

- Die Gehorsamserwartung.
- Die Ungeduld.
- Die Liebe.
- Die Leistungs- und Erfolgserwartung und so weiter und so fort.

Schon jetzt ist deutlich zu sehen, dass es drei verschiedene Erwartungshaltungen gibt:

1. Die aktive Erwartung, bei der wir selbst es sind, die uns Ziele setzen und hoffen, dass wir sie schon irgendwie eines Tages erreichen werden.
2. Die passive Erwartung, bei der andere uns vorantreiben.
3. Die Folge-Erwartung. Dies bedeutet, dass nach jeder Leistung von uns eine noch größere Leistung erwartet wird.

Hier lautet die klassische Verliererformel: »Wer einmal siegt, muss so lange siegen, bis er verliert.« Oder: »Der Krug geht so lange zum Brunnen, bis er bricht.«

Ein Sieg, der mit einer Erwartung auf weitere Siege verbunden ist, wird damit ganz automatisch zur Niederlage. Denn der Kampf um immer neue Siege kann eines Tages nur mit einer Niederlage enden.

Ein Sieger, der sich auf diesen hoffnungslosen Kampf einlässt, ist also kein wirklicher Sieger. Ein wirklicher Sieger ist vielmehr einer, der heute einen Sieg erringt und nicht fragt, was morgen ist.

Nicht erfüllte Erwartungen können zweierlei Auswirkungen auf uns haben: Entweder wir resignieren, oder wir werden aggressiv. Wenn wir resignieren, geben wir unsere Entscheidungen in die Hände der Leute, die uns in ihrem Sinne lenken. Wir werden allmählich süchtig im Sinne des »Prinzips von Lob und Tadel«. Wir fürchten uns vor Tadel und tun alles, um gelobt zu werden.

Wer unerfüllte Erwartungen in Aggression umsetzt, kann sie in zwei Richtungen frei machen: gegen sich selbst oder gegen andere.

Eine Aggression gegen sich selbst bedeutet, gegen sich selbst zu kämpfen, ohne eine Chance auf Sieg. Deshalb versuchen viele Betroffene in diesem Kampf wenigstens einen Schein-Sieg zu erzielen, indem sie die Aggression auf andere projizieren.

Typisch dafür ist das Fußballtrainer-Modell.

Ein Fußballtrainer trägt seinem Verein gegenüber die Verantwortung für Sieg oder Niederlage der Mannschaft. Wobei der Sieg einer Mannschaft im Sinne von »Siegen, ohne zu kämpfen« von vornherein kein wirklicher Sieg sein kann.

Einerseits, weil dazu unbedingt ein Gegner erforderlich ist. Andererseits, weil von jeder Mannschaft, die heute siegt, ununterbrochen weitere Siege erwartet werden.

Treten diese Siege nicht ein, rettet sich die Vereinsführung in einen Schein-Sieg, indem sie den Trainer entlässt. Entlässt sie den Trainer nicht, so rettet sich dieser über die nächste Runde, indem er die Mannschaft umstellt. Führt auch diese Maßnahme nicht zum Erfolg, kann er für ein verloren gegangenes Spiel immer noch den Schiedsrichter beschuldigen. So gesehen ist der langjährige deutsche Fußballspieler Franz Beckenbauer, der später Nationaltrainer und jetzt Präsident des FC Bayern wurde, kein Anhänger von »Siegen, ohne zu kämpfen«.

Als Mitte der achtziger Jahre seine hoch eingeschätzte Mannschaft in einem Länderspiel gegen die im europäischen Fußball eine eher untergeordnete Rolle spielende österreichische Vertretung eine überraschende 1:4-Niederlage hinnehmen musste, richtete sich Beckenbauers ganze Aggression gegen den italienischen Schiedsrichter Luigi Agnoli. Er nannte diesen einen »Spinner«, »gemeingefährlich« und zweifelte an seinem Verstand, »falls er überhaupt irgendetwas im Kopf« habe.

Dies ergibt folgende Analyse:

1. Beckenbauer bereitete seine Mannschaft nicht richtig auf den zu schwach eingeschätzten Gegner vor.
2. Trotzdem erwartete er von ihr einen eindeutigen Sieg.
3. Als diese Erwartung nicht eintraf, hätte Beckenbauer aus der Niederlage im Sinne von »Siegen, ohne zu kämpfen« einen nützlichen Schritt der Erfahrung für den nächsten Sieg machen können. Aber er tat es nicht.
4. Statt sich selbst und seine Aggression zu besiegen, such-

te er einen Gegner, den er erniedrigen konnte, um sich damit selbst zu erhöhen. Oder wenigstens, um sich selbst zu rechtfertigen. Wie man sieht, kann auch ein Sieger-Typ manchmal Verlierer sein.

Nun kann man anführen, dass ein Fußballtrainer keine Chance hat, einen wirklichen Sieg zu erringen. Er sei vielmehr in mehrfacher Hinsicht benachteiligt:

- Um einen wirklichen Sieg zu erringen, müsste er sich zuerst einmal selbst besiegen.
- Wenn ihm dies gelingen sollte, kann er damit noch lange kein Spiel gewinnen.
- Er müsste vielmehr noch elf eigenwillige Individualisten dazu motivieren, sich ebenfalls selbst zu besiegen, um auf diese Weise nach dem Prinzip von »Siegen, ohne zu kämpfen« die Weltmeisterschaft zu erringen.

Ein hoffnungsloses Unterfangen?
Wenn ein Betrachter der Situation davon ausgeht, dass es völlig unmöglich ist, ein Fußballspiel »ohne zu kämpfen« zu gewinnen, dann erkennt er nach dem bisher Gesagten an, dass es im Fußball keine wirklichen Siege gibt, sondern nur Zufälle.
Für einen Anhänger von »Siegen, ohne zu kämpfen« jedoch gibt es weder Versäumnis noch Zufälle, sondern nur die Realität des Siegens.
Wenn er gefragt wird: »Aber wie, um Gottes willen, soll denn ein Fußballstürmer, ohne zu kämpfen, ein Tor schießen?«, erwidert er gelassen: »Indem er weder gegen seine Gegner kämpft noch mit den Tücken des Balls oder gegen sich selbst. Er ist vielmehr mit sich selbst, dem Spiel, dem

Ball und allen anderen Spielern in vollkommener Harmonie.«

Zugegeben, eine Antwort wie diese wird bei fast jedem Fußballanhänger ungläubiges Kopfschütteln auslösen. Dies ist nicht verwunderlich, weil es schließlich nur ganz wenige Menschen geben kann, die erkennen, dass Sieg nicht kämpfen bedeutet, sondern die Überwindung aller Hindernisse, die in uns selbst dem Siegen im Wege stehen.

Der Sieg des Torschützen besteht demnach nicht darin, dass er ein Tor geschossen hat, sondern darin, dass er im Stande war, weder an den Sieg noch an das erstrebte Tor noch an die Gegner zu denken, und eine so vollkommene Einheit mit dem Ball war, dass sich das Tor sozusagen ganz von selbst schoss.

Wer sich auch mit dieser Vorstellung nicht anfreunden kann, dem möchte ich eine Frage mit auf den Weg geben, ehe er das nächste Kapitel zu lesen beginnt:

Glauben Sie, dass ein Mann mit der Kante seiner Hand durch einen einzigen Schlag einen Ziegel zerschlagen könnte, wenn er auch nur den Bruchteil einer Sekunde mit dem Gedanken kämpfte, ob denn nicht doch der Ziegel härter sei als die Kante der Hand?

Wenn es Ihnen gelingt, nach anfänglichen Zweifeln diese Frage befriedigend zu beantworten, könnte doch eines Tages noch ein recht passabler Anhänger von »Siegen, ohne zu kämpfen« aus Ihnen werden.

6
Die Illusion von Frieden und Liebe auf der Welt

Viele Menschen neigen dazu, so lange aneinander vorbeizureden, bis sie sicher sind, sich unter keinen Umständen einigen zu können. So schaffen sie in voller Absicht eine permanente Kampfsituation, in der ein Sieg alles andere als erwünscht ist.

Denn wie wir wissen, löst der Sieg ein Problem. Der Kampf hingegen hält alles in der Schwebe. Jeder kann dem anderen die Schuld in die Schuhe schieben und für sich Nutzen daraus ziehen.

Das Spiel vom Kampf ohne die Absicht eines Sieges wird in der großen Welt genauso eifrig gespielt wie im privaten oder geschäftlichen Leben. Oder glauben Sie, dass die Araber – so wild sie sich auch gebärden – an einer Vernichtung des Staates Israel interessiert sind? Sie sind es genauso wenig wie die christliche Kirche an der Abschaffung des Satans.

Großbritannien beherrschte sein einstiges Weltreich mit der Methode von »Zuckerbrot und Peitsche«. Ein Zuhälter liebt sein Mädchen heute, aber er weiß, dass er es morgen wieder prügeln wird. Eine geschickte Ehefrau hält ihren Mann zwischen Bewunderung und Verachtung in Trab.

Die Variationen des Manipulationsspiels mithilfe des stets geschürten Kampfes wurden von Jahrhundert zu Jahrhundert verfeinert, eines jedoch war zu allen Zeiten selbstverständlich: Niemand, der dieses Spiel beherrscht, gibt seine ungeahnten Möglichkeiten freiwillig dadurch aus der Hand, dass er es zu einem Sieg kommen lässt. Dies wäre so, als würden die Leute, die an den Kriegen viele Milliarden verdienen, an deren Beendigung arbeiten. Von Liebe und Frieden reden stets nur die Verlierer, die keine Chance für sich sehen, aus dem Kampf einen Nutzen zu ziehen. Oder jene, die diese Begriffe zur bewussten Manipulation der Verlierer benutzen.

Gelingt es einem Verlierer, sich auf die Seite derer zu schlagen, die vom Krieg profitieren, tritt er in Wahrheit nie wieder für den Frieden ein. Genauso wenig wie ein Rechtsanwalt oder ein Richter daran interessiert sein kann, dass von morgen an kein Bürger mehr die Gesetze bricht.

Es werden vielmehr immer neue Gesetzeswerke geschaffen oder novelliert. Alles ist längst so unüberschaubar geworden, dass es keinen Menschen mehr gibt, der sich nicht arglos immer irgendwie strafbar macht. Man könnte also sagen: Gesetze schaffen Verlierer, die der Staat zu seiner Erhaltung braucht.

In diesem Spielsystem unseres Lebens haben die Begriffe Liebe und Frieden keinen anderen Sinn, als von der Realität abzulenken. Die Grundformel lautet:

- Damit wir in Frieden leben können, müssen wir uns den Bösewicht vom Leib halten.
- Damit wir uns den Bösewicht vom Leib halten können, müssen wir zusammenhalten und alles tun, was uns die Leute sagen, die wissen, wie man sich einen Bösewicht vom Leib hält.
- Damit die Leute zusammenhalten, müssen sie
  a) ständig Angst vor dem Bösewicht haben,
  b) sich immer nach dem Frieden sehnen, den der Bösewicht bedroht.

Für jeden, der seinen Nutzen daraus zieht, dass er zu denen gehört, die andere vor einem Bösewicht beschützen, gilt deshalb die logische Folgerung: Wenn es keinen Bösewicht gibt, dann schaffe ich einen.

Der Begriff Liebe ist eine andere Variante des Manipulationsspiels. Wie viele Menschen wären schon längst an sich selbst verzweifelt, wenn sie nicht von der Hoffnung zehren könnten, dass irgendwann einmal jemand des Weges kommt, der sie liebt? Natürlich ist es eine Hoffnung ohne Chance, sich dauerhaft zu erfüllen.

Die Liebe ist nichts anderes als der permanente Kampf, mit dem jeder seine Unfähigkeit entschuldigen kann, einen Sieg zu erringen. Mit dem Begriff der Liebe kann alles vertuscht, interpretiert und vorgetäuscht werden. Der typische Dialog lautet:

»Warum hast du geheiratet?«

»Aus Liebe.«

»Warum lässt du dich jetzt scheiden?«

»Ich habe meinem Partner meine ganze Liebe geschenkt, aber er hat mich enttäuscht.«

Ein anderer typischer Dialog:

A zu B: »Du liebst mich nicht mehr.«

B erregt: »Wie kannst du so etwas sagen!«

A: »Du hast mir heute früh zum ersten Mal beim Abschied keinen Kuss gegeben.«

B fühlt sich schuldig: »Oh, verzeih. Das ist mir gar nicht aufgefallen. Ich war so in Eile.«

A: »Das ist es ja. Irgendetwas war dir wichtiger als ich. Also liebst du mich nicht mehr.«

B: »Nein, das stimmt nicht. Wirklich. Sag mir doch, wie ich dir beweisen kann, dass ich dich noch genauso liebe wie am ersten Tag.«

A: »Kaufe mir ein neues Kleid.«

So direkt geht A es vielleicht nicht an. Aber wenn sie sofort gesagt hätte: »Kaufe mir ein neues Kleid«, wäre für B jederzeit ein »Tut mir Leid, Liebling, aber wir haben schon unser Konto überzogen« eine plausible Ablehnung gewesen.

Die Liebe gilt im manipulativen Spiel als Jolly Joker. Richtig angewandt, erstickt sie jedes vernünftige Argument. Genauso wie niemand einem Kriegsherrn widersprechen kann, der ein Opfer mit der Begründung fordert: »Wir müssen es um des Friedens willen tun.«

Weil Liebe und Frieden ausschließlich der Erhaltung des permanenten Kampfes dienen, gehören sie nicht zum Instrumentarium von »Siegen, ohne zu kämpfen«.

Ein Sieger liebt sich selbst so sehr, dass er sich nicht davon abhängig zu machen braucht, dass jemand anderer ihn liebt. Er hat es auch nicht nötig, jemand anderen zu lieben. Als Ersatz für die Unfähigkeit, sich selbst lieben zu können.

Die Suche nach der Liebe eines anderen Menschen ist nichts anderes als das Eingeständnis einer Niederlage im Bemühen um Selbstverantwortlichkeit. So gesehen, bedeutet das Bemühen eines Menschen um den Frieden für die ganze Welt, dass er davon ablenken möchte, mit sich selbst keinen Frieden finden zu können.

Die Einstellung zu Liebe und Frieden ist aus allen diesen Gründen ein nicht zu unterschätzender Prüfstein für jeden Anhänger von »Siegen, ohne zu kämpfen«.

- Wer die Liebe anderer Menschen sucht, liebt sich selbst nicht genug.
- Wer sich nach Frieden sehnt, fühlt sich nur zu schwach, einen Sieg erringen zu können.

Teil III
Dreizehn Strategien des Siegens, ohne zu kämpfen

In einer Zeit, in der an allen Ecken und Enden Leute lauern, um uns zum Bestandteil ihrer Pläne zu machen und für sich kämpfen zu lassen, wissen die meisten Menschen nicht mehr, was wirkliche Siege sind.

Wenn Sie dieses Buch bis hierher aufmerksam gelesen haben, kennen Sie die Siege, die Sie erringen sollten. Sie sind auch mit den Widerständen vertraut, die sich Ihnen entgegenstellen.

Es mag schon sein, dass heutzutage jemand schon als etwas Besonderes gilt, wenn er Bescheid weiß. Aber über das Leben Bescheid zu wissen heißt noch gar nichts. Die wirkliche Erfüllung unseres einmaligen, kurzen Lebens lässt das bloße Wissen als Ersatz nicht zu.

Sicherlich, man redet uns von Kindheit an ein, Wissen sei Macht. Aber Wissen, das wir nicht dazu nützen, um möglichst an jedem Tag das Leben zu führen, das uns frei und glücklich macht, dieses Wissen ist so wertlos wie ein Auto ohne Motor.

Auf den folgenden Seiten finden Sie dreizehn Strategien, die Ihnen als Grundlage dieses Lebens dienen können. Was immer Sie daraus machen, ist allein Ihre Sache. Wichtig ist allein, dass *Sie etwas daraus machen.*

Wie es für das Siegen nur das Siegen als einzige Alternative gibt, so kennt »Siegen, ohne zu kämpfen« für das Leben ebenfalls nur eine einzige annehmbare Alternative: Leben. Hier finden Sie dreizehn Strategien, die dieses Leben ausmachen.

1
Die Strategie des Lebens im Jetzt

Wer ohne zu kämpfen siegen will, muss lernen, im Jetzt zu leben. Denn Siege erringt man nicht durch die Hoffnung auf ein besseres Morgen oder die Erinnerung an die gute alte Zeit.

Unser Leben vollzieht sich in drei zeitlichen Ebenen:

1. In seiner Gesamtheit, von der wir nicht wissen, wie lange sie dauern wird. Es sei denn, wir bestimmen unseren Tod selbst.
2. An jedem einzelnen Tag, den wir nach unseren Vorstellungen gestalten können, weil er überschaubar ist.
3. In jedem Augenblick unseres Lebens, in dem eine Entscheidung fällt. Denn letzten Endes hängt unser Schicksal davon ab, ob wir zum richtigen Zeitpunkt den für uns richtigen Schritt gewählt haben.

Wer diese drei Ebenen des Lebensspiels in Einklang bringt, schafft die Voraussetzungen für einen Sieg.

In der Praxis von »Siegen, ohne zu kämpfen« bedeutet dies:

- Für sein Leben eine umfassende Vorstellung zu besitzen, nach der man sein Handeln orientiert.
- Jeden Tag zu nützen, diese Vorstellung zu verwirklichen und sich damit als das einmalige Individuum zu entwickeln, das jeder ist.

- In jedem Augenblick das zu tun, was diesem Augenblick und damit der umfassenden Lebensvorstellung entspricht.

Alles das bedeutet, dass wir lernen sollten, in unserer ganz persönlichen Ordnung zu leben. Dies wieder setzt voraus, dass wir die Ordnung für unser Leben erkennen und uns dazu erziehen, nach ihr zu leben.

Das Jetzt, von dem in diesem Abschnitt die Rede ist, ist jeweils jener Augenblick unseres Lebens, in dem wir in die Tat umsetzen, was wir als die für uns einzig richtige Vorstellung erkannt haben.

Wer sich zu dieser Strategie bekennt, weil er nach der Idee von »Siegen, ohne zu kämpfen« leben möchte, kommt nicht darum herum, sein bisheriges Leben neu zu überdenken.

Ein gläubiger Katholik führt ein Leben, das sich nicht nach dem Jetzt orientiert, sondern nach einer besseren Zukunft im Jenseits. Er hat sich verpflichtet, den Vorschriften seiner Kirche zu entsprechen, und hofft, nach seinem Tod vor dem Jüngsten Gericht eine gute Figur zu machen. Im Grunde genommen führt er ein Leben in der Angst vor diesem Gericht und voll der Hoffnung, dass er den Regeln gerecht wird, die andere aufstellten, vor denen er sich zu rechtfertigen hat.

Für einen Anhänger von »Siegen, ohne zu kämpfen« sind Furcht, Hoffnung oder wehmütige Erinnerung nichts anderes als Fluchtwege vor der Bewältigung des Lebens im Hier und Jetzt.

Ein klassischer Spielzug, um einen Gegner von vorneherein zum Verlierer zu stempeln, lautet: »Versprich ihm Hoffnung.« Dieser Trick wird vorwiegend von Lehrern, Ärzten, Politikern, Priestern und Jungfrauen angewandt.

Oder ist es etwas anderes, wenn eine junge Dame ihrem Verehrer sagt: »Ich gehe erst mit dir ins Bett, wenn du mich heiratest«?

Zugegeben, dieses Spiel wird unter jungen Leuten heutzutage nur noch selten gespielt. Trotzdem, oder vielleicht gerade deshalb, muss es als klassisch bezeichnet werden.

Einfältige Männer gaben sich bereits nach diesem ersten Geplänkel geschlagen, noch ehe das wirkliche Spiel um den Sieg richtig begonnen hatte. Sie gingen mit der Dame zuerst zum Standesamt und dann ins Bett. Für den Rest des Zusammenlebens waren sie dem erpresserischen Argument ausgesetzt: »Jetzt habe ich dir meine Jungfräulichkeit geopfert, und du enttäuschst mich so sehr.«

Ein geschickter männlicher Gegenspieler hätte seinerseits auf das: »Heirate mich, dann darfst du mit mir schlafen« mit einem raffinierten: »Wenn du mich wirklich liebst, dann beweise es mir jetzt« erwidert.

Dies hätte ihn in die günstige Situation versetzt, nach der Defloration sagen zu können: »Wenn du bei mir so wenig standhaft warst, wie leichtfertig wirst du bei anderen Männern sein, wenn wir erst einmal verheiratet sind?«

Die Hoffnung, die uns jemand anderer auf was auch immer macht, zielt immer nur darauf hin, unsere Aufmerksamkeit von dem, was im Jetzt für uns richtig wäre, auf etwas zu lenken, was später für den anderen von Vorteil ist.

In der Sprache von »Siegen, ohne zu kämpfen« heißt dies: Wir müssen einen Sieg in jenem Augenblick erringen, in dem alle Voraussetzungen für uns am günstigsten sind. Wer sich auf später vertrösten lässt, beginnt einen Kampf, den er nicht gewinnen kann, weil er den einzig richtigen Augenblick des Siegens verpasst hat.

Der Kampf, der gemeint ist, ist einerseits die ständige, bohrende Auseinandersetzung mit den Selbstvorwürfen, dass wir nicht getan haben, was wir hätten tun sollen. Andererseits besteht er in dem Versuch, uns für die Niederlage vor uns selbst und anderen zu rechtfertigen.

Wenn das Versprechen auf Hoffnung ein Fluchtweg in die unbestimmte Zukunft ist, so stellt die Erinnerung das Ausweichen in die Vergangenheit dar. Eine häufig gebrauchte Variante lautet:

»Die Erinnerung an die Vergangenheit lässt mich die Schrecken der Gegenwart vergessen.«

Dieser Satz enthält die Strategie der garantierten persönlichen Niederlage, die zu nichts anderem ermuntert als zu jenem verzweifelten Kampf, den jedes liebevoll genährte Selbstmitleid nun einmal mit sich bringt.

Wer die Erinnerung als Ersatz für die Probleme akzeptiert, die sich uns im Jetzt stellen, macht sein Leben zu einer Vision ohne Chance auf Erfüllung.

Auf eine bessere Zukunft zu hoffen ist die Ausrede der Verlierer, ihr Leben nicht selbst zu gestalten, sondern es den Versprechungen anderer zu überlassen. Unter solchen Voraussetzungen von einer besseren Vergangenheit zu träumen bedeutet allerdings, nicht einmal die Hoffnung als Trost für seine Niederlage zu besitzen.

Der praktische Leser wird nun ungeduldig fragen: »Ein Leben in der Dreieinigkeit einer großen Vorstellung, der Erfüllung jedes Tages und des richtigen Handelns in jedem Augenblick zu führen mag eine recht brauchbare Strategie darstellen. Wie aber verwirklicht man sie im Alltag?«

Diese Frage ist einfach zu beantworten: Man beginnt damit, sich selbst auf die gleiche Art zu erziehen, in der die anderen uns ein Leben lang erzogen haben.

Die drei Maximen der manipulativen Erziehung lauten:

1. Gib jemandem den Rahmen vor, in dem er sich bewegen darf.
2. Halte ihn dazu an, sich an jedem Tag in diesen Rahmen einzufügen, indem du mit ihm ein Ritual der Unterwerfung einübst.
3. Strafe ihn, wenn er nicht jede seiner Entscheidungen und Handlungen nach den vorgegebenen Verpflichtungen ausrichtet.

Dies sind die wichtigsten Grundlagen für das System, das uns zu lebenslangen Verlierern stempelt. Wir hoffen, dass wir die Erwartungen erfüllen, die andere in uns setzen. Wir fürchten die Strafe, wenn wir in den Augen der anderen versagen. Es bleibt uns nur übrig, von einem ganz anderen Leben zu träumen als jenem, dem wir uns Tag für Tag unterwerfen.

Die Erziehung zur Strategie des Lebens im Jetzt als Voraussetzung für »Siegen, ohne zu kämpfen« beginnt damit, dass wir den Rahmen, den andere uns vorgeben, durch Lebensvorstellungen ersetzen, die wir selbst für uns bestimmen.

Die entscheidende Frage, die wir dabei beantworten sollten, lautet: »Wer bin ich wirklich, und was täusche ich vor, um so zu sein, wie andere mich haben möchten?«

Wer diese Frage ernsthaft beantwortet hat, kann daran gehen, sein individuelles Zukunftsbild zu entwickeln, das zuallererst auf seine eigenen Fähigkeiten, Möglichkeiten und Wünsche Rücksicht nimmt. Wer auf diese Weise für sein Leben einen eigenen Rahmen gefunden hat, muss das Ritual der täglichen Anpassung an die Erwartungen der Mitwelt durch eigene Verhaltensvorstellungen ersetzen und sie unermüdlich einüben.

Ein weit verbreitetes Unterwerfungsritual besteht darin,

dass ein Vater, Lehrer oder Vorgesetzter einen jungen Menschen täglich mehrmals mit der Formel konfrontiert: »Du bist für die einfachsten Aufträge zu blöd. Aus dir wird nie etwas Gescheites im Leben werden.«

In Wahrheit erfüllt eine Formel wie diese keine andere Funktion als das tägliche Unterwerfungsgebet eines gläubigen Christen, die Teilnahme an der Heiligen Messe, die Versprechungen bei der Hochzeit, das gemeinsame Absingen einer Hymne, die öffentliche Bestrafung vor einem Gericht oder das Warten in Warteräumen, ehe man gnädig vorgelassen wird. Erziehungsrituale dieser Art sind dazu da, um uns ständig an unsere Abhängigkeit von anderen zu erinnern. Was immer wir in einem Augenblick für uns persönlich auch als richtig erkennen, wir dürfen es nicht tun, ehe wir nicht ängstlich geprüft haben, ob andere gewillt sind, es ebenfalls für gut und richtig zu halten.

Im Lebensspiel bedeutet dies, dass andere uns jederzeit für ihr eigenes Selbsterhöhungsspiel missbrauchen können.

Jemand, von dem wir abhängig sind, genießt unsere Unterwerfung, um sich an unserer Niederlage zu erhöhen. Nach den Regeln von »Siegen, ohne zu kämpfen« bedeutet dies, dass er damit keinen wirklichen Sieg erringt, sondern nur einen Schein-Sieg. Denn wie wir wissen, ist jeder Sieg, für den ein Verlierer erforderlich ist, kein wirklicher Sieg.

Für einen Schüler der Strategie des Lebens im Jetzt bedeutet dies, dass er die Unterwerfungsrituale durch Selbstbestätigungsrituale und damit die Erziehung durch Selbsterziehung ersetzt.

Praktisch kann der Vorgang auf folgende Weise betrachtet werden:

Ein Vorgesetzter hat einen Untergebenen – vielleicht, um ihn als Konkurrenten zu entmutigen – jahrelang mit der

Formel konfrontiert: »Das haben Sie ja schon wieder völlig falsch gemacht. Sie werden es wohl nie lernen.«

Die Formel hat sich im Unterbewusstsein des Untergebenen durch die ständige Wiederholung verankert. Bei jedem Versuch einer eigenständigen Entscheidung taucht sie als vorauseilende Botschaft der Niederlage im Bewusstsein auf und hält ihn davon ab, das zu tun, was er tun möchte. Er tut es nicht, weil er fürchtet, wieder einen Fehler zu machen und dafür gedemütigt zu werden.

Ein Schüler der Strategie des Lebens im Jetzt wird der Erniedrigungsformel des Vorgesetzten seine eigene Selbstbewusstseinsformel entgegensetzen und sie täglich und beharrlich in sein Unterbewusstsein versenken, bis sie dort die Angst verdrängt. Bei Anhängern von »Siegen, ohne zu kämpfen« haben sich Formeln bewährt wie:

- Ich bin stark und glaube an mich. Ich handle im Jetzt, ohne Angst vor irgendjemand.«
- Oder: »Ich gehe meinen Weg an jedem Tag und entscheide und handle richtig, ohne Angst vor den Folgen.«

Da die Strategie des Lebens im Jetzt genauso eine individuelle Spielform des Lebens darstellt, wie es »Siegen, ohne zu kämpfen« insgesamt ist, versteht es sich von selbst, dass solche Hinweise nur allgemeiner Natur und keine Vorschriften sein können.

Was nun das richtige Handeln im Jetzt betrifft, so ist es die Vollendung unserer Lebensvorstellungen und unsere Selbstdisziplinierung in jedem Augenblick, indem wir ganz automatisch jederzeit das tun, was wir für richtig halten.

Davon wird in den folgenden Abschnitten dieses Buches noch mehrfach die Rede sein.

2
Die Strategie des Verzichtens

Die Strategie des Verzichtens kann in einer Formel zusammengefasst werden. Sie lautet: Damit ich haben kann, was ich haben möchte, muss ich lernen, auf das zu verzichten, was ich nicht haben kann.

Diese einfache Erkenntnis ist das A und O der Kunst vom »Siegen, ohne zu kämpfen«. Natürlich kann man jede kleine tägliche Entscheidung danach überprüfen. Etwa auf folgende Art:

- »Heirate ich diesen Mann, weil ich ihn liebe, oder suche ich mir lieber einen, bei dem ich für den Rest meines Lebens gut versorgt bin?«
- Oder: »Mache ich weiter diesen Job, damit es meiner Familie an nichts fehlt, oder suche ich mir eine Arbeit, die mir Spaß macht, auch wenn dann meine Frau einen Brillantring weniger haben kann als ihre beste Freundin?«
- Oder: »Ist mir die Freiheit als Arbeitsloser lieber als die Tyrannei einer Arbeit, die mich mit dem Luxus versorgt, auf den ich nicht mehr verzichten will?«

Die Strategie des Verzichtens setzt die Fähigkeit voraus, sich entscheiden zu können. Das Entscheiden erfordert das Wissen, was für uns richtig ist. Dies wieder setzt voraus, dass wir wissen, wer wir überhaupt sind.

Wie der aufmerksame Leser bereits aus diesen wenigen Hinweisen ersehen kann, erfordert die Strategie des Verzichtens ein Schachbrett von bewussten Lebensvorstellungen, das vorhanden sein muss, ehe wir darauf jene Züge machen können, die zum Sieg führen. Im Grunde genommen hängt dabei jeder Spielzug von zwei Komponenten ab:

1. Dem Wissen darüber, was für uns richtig ist.
2. Der Entscheidung für das, was dem Augenblick und gleichzeitig dem Wissen über uns selbst entspricht.

Sich zu entscheiden bedeutet, dass wir das für uns Richtige erkennen, uns dazu bekennen und auf das verzichten, was wir nicht ändern oder nicht haben können.

Die große, endgültige Prüfung darüber, ob wir in der Strategie des Verzichtens Fortschritte machen, ist der »Leben-Tod-Test«. Diese härteste aller Prüfungen in der Kunst vom »Siegen, ohne zu kämpfen« geht davon aus, dass jede Konfrontation im täglichen Lebensspiel nichts anderes ist als ein Spielzug auf Leben und Tod. Nur wenn wir unser Leben so betrachten, sind wir gezwungen, uns auf jeden Augenblick unseres Lebens so konsequent zu konzentrieren, als wäre er unser ganzes Leben. Die Logik dieser Überlegung liegt zweifellos auf der Hand. Sie lautet:

• Weil wir in keinem Augenblick unseres Lebens wissen, ob wir den nächsten Augenblick erleben, müssen wir uns jeden Augenblick als einmalige Persönlichkeit vollkommen erfüllen.

• Einen Augenblick vollkommen zu erleben bedeutet, ihn ohne Angst davor zu erleben, dass er in seiner Erfüllung zu Ende geht.

Ist dies nicht eines der Schlüsselprobleme unseres Lebens? Ist es nicht so, dass wir die Freude eines glücklichen Moments oft nur nicht genießen, weil dutzende Fragen aus unserem Unterbewusstsein diese Freude trüben? Fragen wie:

- Darf ich denn das?
- Was wird morgen sein?
- Habe ich ein Recht dazu?

Letzten Endes sind Freude, Erfolgserlebnis, Genuss und Lust doch immer von jenem Unbehagen getrübt, dass sie zu Ende gehen.

Es ist das Unbehagen der Todesangst, das uns dazu verleitet, den Augenblick des Glücks festhalten zu wollen, obwohl es unmöglich ist.

Verzichten zu können bedeutet jedoch: im Leben zu leben und im Sterben zu sterben, ohne dem Leben nachzutrauern.

Aus diesem Grunde ergibt es sich ganz von selbst, dass ein Anhänger von »Siegen, ohne zu kämpfen« weder Mitleid noch Schuldgefühl oder Trauer kennt.

Wer nach der Strategie des Verzichtens lebt, braucht weder Todesfurcht noch Mitleid oder Trauer. Alle diese drei Eigenschaften würden ihn nur daran hindern, in jedem Augenblick vollkommen zu leben, einen Zug im Lebensspiel richtig zu wählen oder sich an jedem glücklichen Tag zu erfreuen, ohne zu bedauern, dass er zu Ende geht.

Als klassisches Beispiel auf diesem Gebiet gilt das »Lindbergh-Modell«. Der Amerikaner Charles Lindbergh, der 1927 durch seine Atlantik-Überquerung in einem winzigen Flugzeug weltberühmt wurde, hatte die Entscheidung gefällt: »Nichts in meinem Leben ist mir wichtiger als das Fliegen.« Fliegen war in jener Zeit noch ein gewaltiges Wagnis. In der

Heimatstadt Lindberghs, über der er schon als junger Mann in einer wackeligen Flugmaschine seine Kreise zog, löste sein Wagemut sogar Proteste der Bevölkerung aus. Man empfand es als höchst unmoralisch, dass ein Mensch so respektlos das Schicksal herausforderte.

Lindbergh reagierte auf diese Proteste ungerührt. Er sagte den legendären Satz: »Wenn ich morgen abstürzte, dann war mir jede Stunde in der unendlichen Freiheit über den Wolken mehr wert, als es mir fünfzig Jahre in Mittelmäßigkeit hier auf der Erde sein können.«

Jahre später überquerte er dann den Atlantik, ehe er im Alter von zweiundsiebzig Jahren auf ganz normale Weise starb.

Seit dieser Zeit nennen Anhänger von »Siegen, ohne zu kämpfen« den erwähnten »Leben-Tod-Test« auch »Lindbergh-Test«. Er besagt nicht mehr und nicht weniger als die Bereitschaft, für das, was man als richtig erkannt hat, auch sein Leben aufs Spiel zu setzen. Eine Entscheidung, über die sich jeder im Klaren sein muss, der in »Siegen, ohne zu kämpfen« mehr sieht als nur eine interessante Betrachtung. Wenn wir also davon ausgehen, dass Wissen und Entscheiden die beiden Voraussetzungen für die Strategie des Verzichtens sind, dann besteht die überlegene Weisheit von »Siegen, ohne zu kämpfen« darin, im Augenblick des Todes bereit zu sein, auf das Leben zu verzichten.

Ist es angesichts dieser Erkenntnis nicht selbstverständlich, dass ein Mensch, der den Tod nicht fürchtet, keine Angst mehr vor gesellschaftlicher Diskriminierung hat? Oder davor, seinen Job zu verlieren oder von einem Partner verlassen zu werden, wenn der Zeitpunkt der Trennung gekommen ist?

»Siegen, ohne zu kämpfen« bedeutet demnach, nicht gegen den Tod anzukämpfen, wenn der Augenblick des Sterbens gekommen ist, sondern eins zu sein mit ihm.

Manche Leser mögen die Aufforderung, mit dem Tod »eins zu sein«, als eine Zumutung verurteilen. Aber entsteht nicht jede Aggression aus der Unfähigkeit, den ärgsten Feind in die Arme zu schließen, statt ihm ein Messer in den Bauch zu stoßen?

Das Bild eines Feindes oder eines Objektes der Furcht besteht ausschließlich in unserer Vorstellung, also in dem Verhaltensbild, nach dem wir unser tägliches Leben ausrichten. Das uns anerzogene Entscheidungsprinzip lautet dogmatisch: »Ein Feind kann kein Freund sein.« Daraus ergeben sich nahezu alle aggressiven Verhaltensanleitungen:

- Wenn ein Feind nicht dein Freund sein kann, musst du ihn bekämpfen.
- Wenn dich ein Feind angreift, musst du dich zur Wehr setzen und ihn vernichten. Noch besser ist es, du vernichtest ihn, noch ehe er angreifen kann.
- Wenn dir ein Feind Leid zufügt, musst du dich rächen. Und so weiter.

So gesehen, ist ein Großteil der Moral, nach der zu leben wir seit Kindheit trainiert wurden, eine Anleitung zur ständigen Aggression gegen Feindbilder. Es gibt keinen Zweifel darüber, dass diese Erziehung das Instrument für unsere Manipulation schafft.

Das Grundmodell der Aggressionsmanipulation lautet:

- Schaffe ein Feindbild.
- Überzeuge jemanden davon, dass der Feind ihn bedroht und dass es ehrenvoll ist, sich zu verteidigen.
- Rüste den Bedrohten aus, damit er sich stärker fühlt als der Feind.

- Nähre den Hass gegen den Feind, bis der Befehl genügt: »Jetzt kämpfe.«

Wie, so mag der interessierte Leser fragen, würde sich denn ein Anhänger von »Siegen, ohne zu kämpfen« in dieser Situation verhalten?

Die Antwort lautet: Er würde – vorausgesetzt, er beherrscht die Strategie des Verzichtens – auf den Hinweis: »Du wirst von F bedroht, er ist dein Feind« gelassen erwidern: »Jeder Feind ist auch mein Freund.«

Argument: »Aber er hasst dich und will dich vernichten.«

Antwort: »Wer mich hasst, den liebe ich, und wer mich angreift, dessen Angriff lenke ich an mir vorbei so oft ins Leere, bis er einsieht, dass es sinnlos ist, mich anzugreifen. Wenn er das erkennt, wird es ihm einleuchten, dass es sinnlos ist, mich zu hassen.«

Argument: »Aber wenn er stärker ist als du und dich vernichtet?«

Antwort: »Stärker zu sein als ich würde voraussetzen, dass ich selbst stark sein möchte. Aber für mich ist Starksein ebenso gut wie Schwachsein.«

Argument: »Wie ich sehe, bist du ein Feigling, der nicht bereit ist, sein Leben und seine Ehre für Führer, Volk und Vaterland einzusetzen.«

Antwort: »Du hast Recht, ich bin ein Feigling.«

Wer sich mit dem Tod angefreundet hat, kann sich mit jedem Feind anfreunden. Wer das Sterben nicht fürchtet, kann jeden Angriff an sich vorbei ins Leere lenken. Das ist die Quintessenz der Strategie des Verzichtens. Wer sie versteht und unermüdlich übt, ist in der Beherrschung von »Siegen, ohne zu kämpfen« einen wichtigen Schritt weitergekommen.

3
Die Strategie zur Mobilisierung
der eigenen Kräfte

Vor einigen Jahren fand irgendwo in den österreichischen Alpen eine Weltmeisterschaft im Heißluftballonfahren statt. Die Teilnehmer haben dabei in ihren Gondeln Brennapparate montiert, mit denen sie die Luft in den riesigen Ballons erhitzen.

Am Vorabend eines Starts probierte der mehrmalige Champion in dieser Disziplin, ein Flugkapitän namens Josef Starkbaum, sein Heizgerät im Zimmer der Pension aus, in der er einquartiert war. Dabei ereignete sich eine Explosion, und der Pilot erlitt schwere Verbrennungen am ganzen Körper.

Als ihn ein Rettungswagen in das nächste Krankenhaus fuhr, versuchte ein Arzt ständig, ihm Schmerz stillende Injektionen oder wenigstens lindernde Tabletten zu verabreichen. Aber Starkbaum lag ganz gelassen auf der Bahre und lehnte alles ab. Der Arzt meinte, die Schmerzen müssten doch unerträglich sein, aber der Pilot antwortete nur: »Nein, nein. Ich spüre nichts, ich mache autogenes Training.«

Um es auf einen einfachen Nenner zu bringen: Starkbaum war im Stande, ohne jede fremde Einwirkung den Angriff seiner Schmerzen an sich vorbei ins Leere zu lenken. Diese Schmerzen waren durchaus vorhanden, aber sie erreichten nicht jenen Bereich seines Gehirns, in dem sie uns bewusst werden.

Dies ist nur ein Beispiel dafür, wie es möglich ist, einen Sieg über den Schmerz zu erringen, wenn man im Stande ist, die dafür verantwortlichen Kräfte in sich zu mobilisieren und richtig einzusetzen.

Was den Schmerz betrifft, so kann gesagt werden, dass es zwei Möglichkeiten gibt, ihm zu Leibe zu rücken: Entweder man bekämpft ihn oder vielmehr lässt ihn durch fremde Mittel bekämpfen. Oder man besiegt ihn. Für jeden, der daran interessiert ist, die tieferen Zusammenhänge von »Siegen, ohne zu kämpfen« zu erforschen, ist dies ein bezeichnendes Beispiel für die Begriffe »Kämpfen« und »Siegen«.

Der Sieg ist die Lösung einer Konfrontation aus eigener Kraft. Kein Helfer ist erforderlich. Es gibt auch keinen Gegner, den es zu besiegen gilt. Der Schmerz wird nicht von außen her bekämpft, er wird in sich selbst besiegt.

Dieser Unterschied kann gar nicht oft genug betont werden: Der Schmerz ist kein Gegner, der mit fremder Hilfe beseitigt werden soll.

Man lässt ihn vielmehr sich selbst besiegen. Dies ist das Grundprinzip von »Siegen, ohne zu kämpfen«.

Die Frage, die sich dem Leser an dieser Stelle vermutlich aufdrängt, lautet: »Wie schaffen es Leute wie Josef Starkbaum, den Schmerz zu besiegen? Welche eigenen Kräfte gilt es dabei zu mobilisieren?«

Wenn der mehrfache Champion sagte, er mache autogenes Training, so sprach er von einer der einfachsten Techniken der Selbstlenkung, die er selbst in ein paar Stunden aus einem Taschenbuch während einer Bahnfahrt gelernt hatte. Sie besteht im Wesentlichen aus folgenden Übungen:

- Man schließt die Augen und entspannt sich.
- Man atmet ruhig und stellt sich vor, der Körper sei schwer und warm.

- Dann suggeriert man sich monoton und ohne jede zwanghafte Erwartung formelhafte Vorsätze wie beispielsweise: »Der Schmerz ist völlig gleichgültig. Er ist ein Teil von mir. Ich spüre nichts.« Oder so ähnlich.

Nun kann gesagt werden, dass viele Menschen die Technik dieses autogenen Trainings beherrschen. Trotzdem schaffen sie es nicht, sich damit von ihren Schmerzen zu befreien, Ängste zu meistern oder sich etwa von Impotenz oder Frigidität zu befreien.

Der Grund dafür liegt darin, dass es offenbar keineswegs genügt, eine Technik zu beherrschen. Schon gar nicht reicht es aus, damit einen Sieg ohne Kampf zu erringen. Wahre Siege erringt man nicht mit Techniken, sondern damit, sie richtig einzusetzen.

Die Mobilisierung aller eigenen Kräfte umfasst folgende vier Bereiche:

1. Den *Geist* und damit das Verstehen der Zusammenhänge.
2. Die *Technik*, also das Beherrschen der Handlungsabläufe, die zum gewünschten Ergebnis führen.
3. Die *Konzentration* der erforderlichen Energie zur richtigen Zeit auf den richtigen Punkt.
4. Die Ausdauer in der *Übung*, bis alle Komponenten so aufeinander eingespielt sind, dass sie ganz von selbst harmonisch ohne jeden Widerstand reagieren.

Viele Menschen, die aus sich selbst mehr machen möchten als das, wozu ihre Erziehung sie befähigt, scheitern an ihrer Ungeduld im Üben, weil sie sich Ziele setzen, die nicht ihrer Fähigkeit entsprechen.

Sie verstehen jenes Prinzip von »Siegen, ohne zu kämpfen«

nicht, das lautet: Du kannst keinen Sieg erzwingen, sondern musst so lange alle Erfordernisse einüben, bis sich der Sieg von selbst ergibt.

Wenn der »Geist« als einer der vier Bereiche angeführt wird, die zur Mobilisierung der eigenen Kräfte notwendig sind, dann bedeutet dies: Wir müssen uns zu der Erkenntnis durchringen, dass es nicht unser vorgefasster Wille ist, der einen Sieg erringt, sondern die Überwindung jeder zwanghaften Erwartung. Der alles entscheidende Satz lautet vielmehr: »Lasse den Sieg von selbst geschehen, wenn der richtige Zeitpunkt gekommen ist.«

Der richtige Zeitpunkt aber ist gekommen,

- wenn wir alle Zusammenhänge verstanden haben, die für einen Sieg notwendig sind,
- wenn wir die Technik lange genug geübt haben, damit wir sie automatisch jederzeit beherrschen,
- wenn nichts, kein Gedanke, kein Zweifel und keine Angst, uns davon abhält, jetzt das zu tun, was jetzt getan werden muss.

Alles das sind die wichtigsten Voraussetzungen, wenn unser Üben erfolgreich sein soll. Wobei zu beachten ist, dass es zwei Ebenen des Übens gibt: die mentale Ebene und die praktische Ebene. Was die mentale Ebene betrifft, so kann man sagen: »Ich bin so, wie ich denke.« Wenn ich also immer wieder an Angst denke, wird sie zur Realität.

Hier ist das klassische Modell einer mentalen Schmerzübung:

Erste Phase

Ein Schmerz wird verursacht. Besonders eifrige Anhänger

von »Siegen, ohne zu kämpfen« gehen dabei sogar so weit, dass sie sich zu Übungszwecken selbst Schmerz verursachen, indem sie sich Stiche oder Schnitte am Körper zufügen. Eine Trainingsbedingung, die allerdings nicht nach jedermanns Geschmack ist.

Zweite Phase

Sie entspannen Körper und Geist, indem Sie sich an einen ruhigen Ort zurückziehen und sich mit geschlossenen Augen auf Ihren Atem konzentrieren. Sie atmen dabei rasch ein und verfolgen den Atem, wie er sich an einen Punkt drei Finger unterhalb des Nabels senkt. Dann atmen sie ganz langsam wieder aus. Dabei stellen Sie sich vor, wie während des Ausatmens die reinigende Kraft des Universums den Schmerz mit sich aus dem Körper nach außen nimmt.

Andere Techniken sind:

- Man stellt sich den Schmerz als ein faustgroßes Etwas vor, das bei jedem Atemzug kleiner und kleiner wird, bis es sich schließlich in nichts auflöst.
- Man stellt sich den Schmerz als guten alten Freund vor, mit dem man ein Zwiegespräch führt und ihn dabei überzeugt, dass es keinen Sinn hat, uns weh zu tun.

Allgemein kann gesagt werden, dass jemand, der kraft seines Geistes die Zusammenhänge des wirklichen Siegens verstanden hat, auch im Stande ist, selbst die richtige Technik und die für ihn am besten geeignete Form des Übens zu finden.

Die Mobilisierung der Kräfte, sei es, um Schmerzen zu besiegen oder irgendeine andere Spielsituation des Lebens zu bewältigen, geht von der Entscheidung aus: »Ich siege, ohne zu kämpfen.« Wobei es ganz klar ist, dass jeder Sieg in uns selbst gegen die Hindernisse zu erringen ist, die ihm im Wege stehen.

Es mag bisher noch nicht deutlich genug gesagt worden sein, aber das verhängnisvollste dieser Hindernisse ist unsere Erziehung. Sie zielt zeit unseres Lebens nicht darauf ab, uns zur Entfaltung der eigenen Kräfte zu ermuntern. Die Absicht ist vielmehr, uns daran zu hindern, eigenständig, eigenwillig, selbstverantwortlich und selbstbewusst unseren individuellen Weg zu gehen.

Kein Erzieher, weder der Lehrer noch der Staat, die Kirche, die Vorgesetzten, Institutionen oder die Werbung, ist daran interessiert, dass wir uns unser Glück selbst verschaffen. Ganz im Gegenteil, sie verfolgen nur das eine Ziel, dass wir möglichst lange von ihnen abhängig sind und für sie kämpfen.

Für andere zu kämpfen, statt aus eigener Kraft für uns selbst zu siegen, das ist das Prinzip, nach dem wir zu Verlierern erzogen werden. Wir haben mit solchen Voraussetzungen im Lebensspiel von Anfang an nicht die geringste Chance. Bei jedem Spielzug schauen wir unsicher nach einem Helfer aus, der uns zeigt, was wir tun sollen.

Er zeigt es uns. Aber gibt es einen Helfer, der irgendetwas für uns tut, das nicht auch für ihn von Vorteil wäre? Er verlangt seinen Anteil. Dieser Anteil schafft eine Abhängigkeit, von der sich die meisten Menschen ihr ganzes Leben lang nicht mehr befreien können.

Was immer sie auch tun, der gute Helfer steht neben ihnen und lenkt ihre Hand zum nie endenden Kampf. Er hilft ein wenig, aber niemals genug, damit wir uns von ihm unabhängig machen könnten.

Die Strategie zur Mobilisierung der eigenen Kräfte ist ein unbezahlbarer Anstoß dafür, sich aus solchen Abhängigkeiten zu befreien und sich von allen guten, bereitwilligen und selbstverständlich völlig uneigennützigen Helfern zu verabschieden.

4
Die Strategie des Handelns
ohne Schuldgefühle

Ein Gefühl der Schuld entsteht, wenn wir etwas denken oder tun, das nicht den Maßstäben entspricht, denen wir uns verpflichtet fühlen. Nach dem »Prinzip von Schuld und Sühne« wurde uns anerzogen: »Wenn ich gesündigt habe, muss ich dafür büßen.«

Diese Automatik bringt den Einzelnen in Abhängigkeit von jenen Leuten, die sich das Recht zugeeignet haben, über die Einhaltung der allgemein gültigen Maßstäbe zu wachen und die Sünder zu bestrafen. Wobei jede Erniedrigung das Selbstbewusstsein vermindert und die Abhängigkeit verstärkt.

Die Methoden, derer sie sich dabei bedienen, um uns in ihrer Abhängigkeit zu halten, sind vielfältig:

- Die Androhung einer Strafe.
- Das Lächerlichmachen vor der Gruppe.
- Die Bestrafung selbst.
- Das Ausschließen aus der Gemeinschaft.
- Der Entzug von Zuneigung, Liebe oder Sicherheit.
- Die Erpressung mit dem Entzug von Privilegien, an die wir vorher gewöhnt wurden, und anderes mehr.

Wie jeder erkennen kann, ist das Schuldgefühl ein Instrument, mit dem uns im Spiel des Lebens Niederlagen zugefügt werden können. Ein Leben nach »Siegen, ohne zu kämpfen« setzt deshalb die Befreiung von Schuldgefühlen voraus.

Wenn Schuldgefühle dadurch entstehen, dass wir uns nicht den von anderen Leuten festgelegten Maßstäben entsprechend verhalten haben, kann die Befreiung nur damit beginnen, dass wir diese fremden Maßstäbe durch eigene ersetzen. Die Voraussetzungen dafür sind:

1. Sie müssen unseren persönlichen Fähigkeiten, Möglichkeiten und Zielvorstellungen entsprechen.
2. Sie müssen unserem persönlichen Leben einen Sinn geben, der für uns ersichtlich ist und mit dem wir uns vollkommen identifizieren.
3. Wir müssen diesen Maßstäben gerecht werden. Wenn uns dies von Zeit zu Zeit nicht gelingt, sind wir niemand anderem Rechenschaft darüber schuldig als uns selbst.
4. Für uns gibt es weder eine Niederlage noch eine Sünde für das Nichterfüllen eines Maßstabes. Denn nach »Siegen, ohne zu kämpfen« ist – wie wir wissen – eine so genannte »Niederlage« nichts anderes als eine nutzbringende Erfahrung für den nächsten Sieg.

Der Schuld-Sühne-Mechanismus zu unserer Manipulation im Interesse anderer funktioniert auf allen Spielebenen des Alltags. Die Abhängigkeit davon ist bei vielen Menschen so weit fortgeschritten, dass es gar keines Gegners oder gegnerischen Angriffs mehr bedarf. Wir selbst bilden uns ein Schuldgefühl ein, das gar nicht erforderlich wäre. Und wir handeln entsprechend. Oder, um es anders auszudrücken: Wir handeln *nicht*.

Hier ist ein typisches Verhaltensmodell dieser Art:

Drei Jahre lang hatte Frau B versucht, sechs Kilo ihres Körpergewichtes loszuwerden. Sie schaffte es mit Diäten, Fasten und anderen Methoden. Immer wenn sie dadurch sechs

Kilo leichter geworden war, dauerte es nur ein, zwei Monate, bis alles wieder wie früher war.

Es gab kaum eine andere Frage im Leben dieser Frau, die sie mehr beschäftigte als diese: »Wie verliere ich meine sechs Kilo und bleibe sie auch los?«

Das Problem wurde mit der »Strategie des Handelns ohne Schuldgefühl« auf folgende Weise gelöst:

Frau B wohnte mit ihrem Mann und dem Kind in einem Haus, in dem in einem Obergeschoss auch ihre Schwiegermutter lebte, die ihr immer schon großen Respekt eingeflößt hatte.

Wenn Frau B in der Wohnung alle Arbeiten erledigt hatte, ging sie ihrer liebsten Beschäftigung nach: Sie las Bücher oder setzte sich hin, um Gedichte oder Briefe zu schreiben.

Einige Male am Tag, wenn sie gerade damit beschäftigt war, kam die Schwiegermutter zu Besuch. Wenn Frau B die alte Dame über die Stiegen herunterkommen hörte, versteckte sie schnell Bücher und Schreibgerät und täuschte Hausarbeit vor.

Ihre Begründung: »Wenn meine Schwiegermutter mich beim Lesen erwischt hätte, wäre ich in ihren Augen sicherlich eine schlechte Hausfrau gewesen. Eine gute Hausfrau und Mutter muss ja schließlich den ganzen Tag geschäftig sein.«

Die Schwiegermutter also schaute auf eine Tasse Kaffee herein, und man plauderte über dieses und jenes. Dann ging sie wieder nach oben in ihre eigene Wohnung.

Für Frau B begann mit diesem Zeitpunkt jener Kampf mit sich selbst, der ihr so viel Ärger verursacht hatte:

- Beim Kommen der Schwiegermutter war sie voll der Schuldgefühle, weil sie nicht emsig mit Hausarbeit, sondern mit Lesen oder Schreiben beschäftigt war.

- Nach dem Abgang der alten Dame wurde Frau B von dem Ärger gequält, sich nicht zu dem bekannt zu haben, was sie tat.

Für diesen Ärger suchte Frau B ein Ventil. Es bestand darin, zum Kühlschrank zu gehen und ein Stück Torte herauszuholen. Oder sie schlang eine Tafel Schokolade in sich hinein, um sich abzureagieren.

Als Frau B diese Zusammenhänge erkannte und verstand, war ihr auch klar, wie in den vergangenen drei Jahren die Schuldgefühle sie daran gehindert hatten, schlank zu werden und es auch zu bleiben.

Sie fällte die Entscheidung: »Ab heute tue ich das, was ich tun will. Ich stehe dazu. Auch meiner Schwiegermutter gegenüber. Es gibt keinen Grund, mich irgendjemandem gegenüber für mein Handeln zu rechtfertigen, wenn ich selbst es richtig finde.«

Als am nächsten Tag die Schwiegermutter die Küche der Frau B betrat und diese von dem Buch aufblickte, in dem sie gerade las, geschah etwas Erstaunliches. Die Schwiegermutter sagte anerkennend: »Ich finde es großartig, dass du dich neben der Hausarbeit auch noch für andere Dinge interessierst.«

Angst und Schuldgefühl, als schlechte Hausfrau zu gelten, existierten also nur in der Vorstellung. Ohne Bezug zur Realität. Frau B bildete sich nur ein, was ihre Schwiegermutter denken könnte, und handelte so, wie sie meinte, dass sie der Vorstellung der Schwiegermutter nach handeln sollte, um eine gute Hausfrau zu sein.

Frau B ließ also in all den Jahren nichts unversucht, um sich selbst im Spiel um die Verwirklichung ihres persönlichen Lebens eine Niederlage nach der anderen zu bereiten. Vermutlich würde sie das heute noch tun, wenn sie nicht eines Tages die »Strategie des Handelns ohne Schuldgefühl« entdeckt hätte.

Diese Strategie besteht, wie wir aus diesem Beispiel ableiten können, aus folgenden Schritten:

Erster Schritt

Ich versuche das Problem nicht durch einen Schein-Sieg über die bloße Auswirkung einer tieferen Ursache zu lösen. Ich ergründe vielmehr die Ursache.

Am Beispiel: Alle Methoden des Abmagerns gingen an der wahren Ursache des Problems vorbei. Frau B führte damit nur einen aussichtslosen Kampf, ohne Chance auf den endgültigen Sieg.

Zweiter Schritt

Ich befreie mich aus der Abhängigkeit von fremden Verhaltensmaßstäben und finde meine eigenen.

Am Beispiel: Frau B machte sich nicht nur von der Vorstellung abhängig, eine gute Hausfrau hätte keine Zeit, ein Buch zu lesen. Sie unterstellte diese Vorstellung auch noch der Schwiegermutter, die in Wahrheit ganz anderer Meinung war.

Dritter Schritt

Ich bekenne mich zu den eigenen Maßstäben, die meinen Fähigkeiten, Möglichkeiten und Zielen entsprechen, und fühle mich dafür nur mir selber verantwortlich. Dadurch erübrigt es sich, jemand anderem gegenüber Schuldgefühle zu haben und von seinem Wohlwollen abhängig zu sein.

Auf diese Weise kann ich ohne Schuldgefühle handeln. Meinem Sieg im nächsten Spielzug zur Verwirklichung meines ganz persönlichen Lebens steht kein Hindernis mehr im Wege.

Sein Leben ohne Schuldgefühle nach eigenen Vorstellungen zu leben bedeutet letzten Endes nichts anderes, als die Beurteilung alles unseres Handelns selbst vorzunehmen. Nach dem Prinzip: »Ich bin, wie ich bin, und bekenne mich zu dem, was ich tue. Auch dann, wenn ich mich in der Vorstellung anderer schuldig mache.«

5
Die Strategie der harmonischen Einheit

Was immer wir in unserem Leben erreichen wollen, kann uns auf zweierlei Weise gelingen:

1. Indem wir einfach losmarschieren und hoffen, den richtigen Augenblick zu erleben, um einen Sieg zu erringen.
2. Indem wir die Zusammenhänge erkennen, einen Plan machen und den Sieg nicht dem Zufall überlassen.

Die »Strategie der harmonischen Einheit« ist nicht mehr und nicht weniger als die Vereinigung beider Möglichkeiten zu einer maximalen Vorgangsweise.

In einem der vorangegangenen Abschnitte dieses Buches war von einem Sieg die Rede, der sich in Harmonie mit der großen Ordnung vollzieht. Also einem Sieg, in dem alle wesentlichen Komponenten eine Einheit darstellen. Zu diesen Komponenten zählen wir selbst, der Ort, die Zeit, die Umstände und das Hindernis, das uns im Wege steht. Dieses Hindernis ist in vielen Fällen ein Gegner, der uns besiegen oder auch nur bekämpfen möchte.

Vor einigen Jahren traf ich einen jungen Fußballtormann. Er war achtzehn Jahre alt, ein ehemaliger technischer Zeichner, der sich für den Profisport entschieden hatte. Er stellte mir ohne große Umschweife die Frage: »Ich möchte der beste Tormann der Welt werden. Können Sie mir dabei helfen?« Nun kann es durchaus sein, dass er niemals der beste Fußballtormann der Welt wird, dies ändert jedoch nichts daran, dass er der Typ des geborenen Siegers ist.

Er dachte an nichts anderes als an Sieg, wenngleich es ihm bis heute gewisse Schwierigkeiten bereitet, in die Geheimnisse des »Siegens, ohne zu kämpfen« einzudringen. Nichts ist schließlich scheinbar widersprüchlicher, als vom Kämpfer zum Sieger zu werden.

So erklärte er mir beispielsweise eines Tages, er habe in den vergangenen vier oder fünf Spielen kein einziges Tor erhalten »außer zwei Elfmetertoren«, wie er sich ausdrückte.

Dabei handelte es sich um ein geradezu typisches Kämpferargument. Man sagt:

- »Ich habe wirklich alles getan, was ich konnte. Aber ein anderer war besser.«
- Oder: »Ich habe gekämpft wie ein Löwe, aber es hat nicht gereicht.«
- Oder: »Ich gab mein Bestes, aber der Rest war eine Nummer zu groß für mich.« Und so weiter.

Alles Begründungen dafür, warum wir kämpfen, ohne zu siegen, statt zu siegen, ohne zu kämpfen.

Was nun den jungen Tormann betrifft, so meinte er, das Fangen eines Elfmeterschusses sei Glückssache, und im Übrigen würde jedermann verstehen, dass die meisten Elfmeterschüsse auch Tore sein müssten.

Wer die Gesetze von »Siegen, ohne zu kämpfen« auch nur annähernd begriffen hat, wird sofort erkennen, dass es sich mit den Toren im Fußballspiel genauso verhält wie mit der Schwangerschaft: Eine Frau ist schwanger oder nicht. Aber es gibt keine Frau, die »ein bisschen« schwanger wäre.

Tatsache also ist:

- Im Fußball zählt jedes Tor als Tor.
- Wer der beste Tormann der Welt sein will, kann keine Kompromisse gelten lassen. Er kann nur ein einziges Ziel vor Augen haben: kein Tor zu bekommen und jeden Ball zu halten. Egal, woher er geflogen kommt.

Oder, um es in der Sprache von »Siegen, ohne zu kämpfen« auszudrücken: Es gibt keine andere Alternative zum Sieg als den Sieg. Der Sieg aber entsteht aus der harmonischen Einheit aller an ihm beteiligten Komponenten.

Wir gingen also daran, aus diesen Komponenten die Brücke zu bauen, über die ein Tormann zum Sieg schreiten kann:

- Wir planten die stufenweise Entwicklung seiner Zukunft bis zum vierzigsten Lebensjahr. Das ist jenes Alter, in dem sich große Torleute aus dem aktiven Sport zurückziehen.
- Wir entwickelten eine Marketing-Strategie für das Produkt »Fußballtormann« mit den Einzelheiten darüber, wie dieses Produkt zu perfektionieren, mit einem verkaufsträchtigen Einmaligkeitsmerkmal zu versehen und zu vermarkten ist.
- Wir entwickelten Techniken, die nicht nur Kondition und Fertigkeiten des Fangens verbessern, sondern Körper, Geist und Psyche zu einer Einheit werden lassen, die in einmaliger Weise dem großen Ziel dient: jeden Ball zu fangen, der auf das Tor abgeschossen wird.

Als der Plan fertig war, machten wir uns daran, ihn in kleinen Schritten zu verwirklichen. Ein Unterfangen, das heute noch im Gange ist und von dem ich sagen muss, dass ich es nur mehr vom Rande jenes Spielfeldes aus beobachten kann, auf dem der Tormann sein großes Lebensspiel spielt.

Wie jeder wirkliche Sieger geht er seinen eigenen Weg, macht seine eigenen Erfahrungen, erleidet seine eigenen Niederlagen und Triumphe und wird immer freier in seinen Entscheidungen.

Dies ist der Unterschied zwischen einem Kämpfer und einem Sieger: Der Kämpfer sucht das Kollektiv, in dem er sich verbergen kann. Der Sieger sucht sich selbst, weil er für den Sieg niemanden braucht.

Was nun die Aufgabe eines Fußballtormannes betrifft, so besteht sie darin, möglichst viele von gegnerischen Spielern abgeschossene Bälle daran zu hindern, ins eigene Tor einzudringen. Eine Aufgabe, die Torleute üblicherweise durch eine Mischung aus Reaktionsvermögen, Routine und guter körperlicher Verfassung zu bewältigen versuchen.

Ein wirklicher Sieger unter den Fußballtormännern kann sich allerdings damit nicht zufrieden geben. Er braucht eine weitere, alle anderen überragende Eigenschaft: Er muss mit dem Ball *eins* sein.

Ich wiederhole: Ein Siegertormann muss im Stande sein, mit dem Ball *eins* zu sein. Er muss also aufhören, mit dem Gegner, mit sich selbst oder dem Ball zu kämpfen. Er muss mit sich selbst und allen übrigen Komponenten eine große, harmonische Einheit bilden.

Ein Tormann, der mit sich selbst und den Umständen kämpft, tut es auf verschiedene Weise:

- Er beschimpft den Schiedsrichter, weil dieser wieder einmal eine wirkliche oder vermeintliche Fehlentscheidung gefällt hat.
- Er beleidigt seine Mitspieler, weil er ihnen die Schuld daran gibt, den gegnerischen Schützen nicht richtig abgedeckt und behindert zu haben.

- Er hadert mit sich selbst wegen seines Versagens und ist zehn bis fünfzehn Minuten mit seinen Selbstvorwürfen beschäftigt statt mit dem Spiel.

Alles das sind Kämpfe, die ein Anhänger von »Siegen, ohne zu kämpfen« hinter sich lassen muss, um in eine höhere Ebene des Spielens – auch des großen Lebensspiels – aufzusteigen.

Die Schlüsselsituation jedes Tormannspiels ist der Elfmeter. Da steht er für einige Minuten im Mittelpunkt des gesamten Geschehens. Die Blicke der Zuschauer sind auf ihn gerichtet, die Anhänger halten für ihn den Atem an. Ein klassisches Duell findet statt, ein Showdown zwischen zwei Gegnern, die einander auf kurze Distanz gegenüberstehen. Nur einer kann gewinnen.

Welche Voraussetzungen braucht nun ein Fußballtormann, um möglichst viele Elfmeterduelle zu gewinnen? Wenn nicht alle?

Die meisten versuchen es mit zwei Methoden:

1. Der Spekulation.
2. Dem Zufallsfaktor.

Das heißt, wenn bekannt ist, dass ein Schütze den Ball bevorzugt in die rechte obere Ecke plaziert, dann spekuliert der Tormann, dass es auch diesmal so sein könnte. Oder er beschließt von vorneherein, sich auf die rechte Seite zu werfen, weil der Schütze zufällig gerade dorthin schießen könnte.

Beide Methoden sind Kampfvariationen mit ungewissem Ausgang, eben Spekulation und Zufall. Ein Anhänger von »Siegen, ohne zu kämpfen« verlässt sich darauf nicht. Er bezieht alle Komponenten des Siegens in einen Plan ein, der ihn bei genügend ausdauerndem Training zu einer Einheit mit dem Ball werden lässt.

Ganz allgemein herrscht die Meinung vor, dass bei einem Elfmeterschuss der Schütze in jedem Falle dem Tormann gegenüber im Vorteil sei. Dies ist ein Irrtum. Das Gegenteil ist der Fall, wie ohne Schwierigkeit bewiesen werden kann.

In der Konfrontation zwischen Schütze und Tormann hat der Schütze nur so lange die Möglichkeit, die Richtung des Balls zu beeinflussen, bis dieser die Schuhspitze verlassen hat. Dann fliegt er elf Meter weit in der eingeschlagenen Richtung.

Was bedeutet dies?

Es bedeutet, dass der Tormann den Ball fangen kann, wenn es ihm gelingt, während dieser Zeit die vollkommene Einheit mit dem Ball herzustellen.

Die einmalige Chance des Tormannes besteht also darin, diese Zeit optimal zu nützen. Dies setzt voraus, dass er schon vorher einen entscheidenden Sieg errungen hat: den Sieg über sein Denken und Fühlen.

Bei einem Tormann, der spekuliert, sich vor dem Schützen fürchtet oder vor einer Niederlage, verzögern Denken und Fühlen die Reaktion. Sie stehen zwischen ihm und der harmonischen Einheit mit dem Ball, während dieser auf das Tor zufliegt.

Hier ist der Ausschnitt eines Gesprächs zwischen dem erwähnten Tormann und mir während der Anfangsphase unserer Zusammenarbeit:

Ich fragte: »Als man Ihnen am vergangenen Sonntag dieses Elfmetertor schoss, was war da vorher in Ihren Gedanken vorgegangen?«

Der Tormann: »Zuerst war ich zornig auf den Schiedsrichter,

weil er den Elfmeter völlig zu Unrecht gegeben hatte. Ich lief zu ihm hin und sagte es ihm. Dann stellte ich mich ins Tor und spürte, wie mein Herz klopfte und mein Atem flach wurde. Ich dachte bei mir: ›Jetzt muss ich ein paar Mal tief atmen und mich entspannen, wie es mir der Kirschner gesagt hat.‹«

Ich: »Und dann?«

Der Tormann: »Dann kam der Schuss. Ich warf mich auf die richtige Seite, aber der Ball flog fünf Zentimeter neben meinen Fingern ins Netz.«

Ich: »Wissen Sie, wie Sie diese fünf Zentimeter leicht einbringen können?«

Der Tormann: »Nein.«

Ich: »Indem Sie den Schiedsrichter gar nicht zur Kenntnis nehmen und auf seine Entscheidung nicht emotional reagieren. Indem Sie Ihr Herz nicht spüren und weder an den Atem noch an meine Anregung denken, sondern an gar nichts. Indem Sie vielmehr ES atmen, ES sich entspannen und ES den Ball fangen lassen.«

Obwohl diese Ermahnung zweifellos alles über das vollkommene Fangen eines Elfmeterballes aussagt und das Gesagte klar und logisch ist, besteht natürlich ein gewaltiger Unterschied darin, ob man eine Sache nur versteht oder ob man im Stande ist, sie in die Tat umzusetzen.

Wer sich ernsthaft mit »Siegen, ohne zu kämpfen« beschäftigt, weiß längst, dass der Weg bereits das Ziel ist, aber dass man diesen Weg so lange und so beharrlich gehen muss, bis sich das Ziel ganz von selbst erfüllt.

Genauso verhält es sich auch mit dem erwähnten Tormann. Der Sieg ist ihm sicher, wenn er sich Tag für Tag unermüdlich in seinen Gedanken vorstellt, wie er eins ist mit dem Ball, bis das Fangen eines Elfmeterschusses ohne jedes Denken und Fühlen ganz von selbst geschieht. In der vollkommenen Einheit mit allen Komponenten, die dabei eine Rolle spielen.

Es versteht sich ganz von selbst, dass dieses Beispiel aus dem Bereich des Sports für die meisten wichtigen Spielsituationen unseres Lebens gilt:

- Die harmonische Einheit in der sexuellen Beziehung.
- Die harmonische Einheit mit dem Konkurrenten oder Partner, mit dem man ein Geschäft zu machen gedenkt.
- Die harmonische Einheit mit unserem Beruf. Und viele andere mehr.

6
Die Strategie des inneren Spiels

Wer »Siegen, ohne zu kämpfen« versteht, weiß längst, dass ein Sieg, ein wirklicher Sieg, in uns selbst errungen werden muss, damit er sich in einer Konfrontation nach außen ganz von selbst ergibt, sobald der richtige Zeitpunkt gekommen ist. Mit anderen Worten: Wenn mein denkendes, entscheidendes Ich beschließt, dass meine Faust mit einem blitzschnellen Stoß eine Holzplatte durchschlägt, dann ist es nur mehr eine Frage der Zeit, wann dies tatsächlich geschieht. Der richtige Zeitpunkt tritt ein, wenn alle Voraussetzungen geschaffen sind. Das heißt in diesem Fall:

1. Ich glaube daran, dass ich das Holz durchstoßen kann.
2. Ich bin frei von jeder Angst, mich dabei zu verletzen.
3. Mein Denken stört den Vollzug der Entscheidung nicht, sondern lässt die Faust bedingungslos nach vorne schnellen.
4. Meine Handknöchel und die entsprechende Muskulatur wurden Schritt für Schritt durch Übungen gehärtet.
5. Im Augenblick des Sieges, also des Stoßes, sind Entscheidung und Vollzug eins, und die ganze Kraft meines Willens vollzieht das Unvermeidliche.

»Wenn das so einfach ist«, wird der argwöhnische Leser fragen, »warum gelingt es mir dann nicht öfter, meine Ziele und Wünsche in die Tat umzusetzen?«

Die Antwort lautet: Weil das innere Spiel nicht harmonisch funktioniert.

Üblicherweise nimmt ein inneres Spiel folgenden Verlauf:

A entscheidet: »Ich will mit meiner Faust eine Holzplatte durchschlagen.«

Dieser Idee stellt sich sofort die Erfahrung des denkenden Ich mit dem Einwand entgegen: »Du bist verrückt, das tut doch schrecklich weh.«

A wird durch den Einwand irritiert. Er stellt sich vor, wie er mit der Faust gegen die Platte schlägt und wie ein heftiger Schmerz die Hand durchzuckt.

Nun meldet sich das machende Ich und gibt zu bedenken: »Aber es gibt doch Leute, die mit ihrer Faust einen Ziegel durchschlagen können. Warum könntest du das nicht auch?«

A schöpft wieder Mut, wird jedoch sofort vom denkenden Ich, das immer alles besser weiß, mit dem entmutigenden Hinweis unterbrochen: »Ja, ja, aber diese Verrückten trainieren jahrelang, bis sie es schaffen. Man hat auch schon gehört, dass sie sich dabei gelegentlich auch die Knöchel brechen.«

A denkt: »Nein, das riskiere ich lieber nicht. Was würde mein Chef sagen, wenn ich mich krank melde, weil ich eine Holzplatte durchschlagen wollte. Der hielte mich ja für total verrückt.«

Damit ist das Spiel zu Ende. Die Zweifel haben sich durchgesetzt. A gibt auf und fühlt sich als Verlierer. Er hat nicht durchgesetzt, was er tun wollte.

Und warum nicht? Weil er keine Strategie für das Spiel zwischen Idee, Denken, Zweifeln und Machen besaß.

Grundsätzlich geht diese Strategie davon aus, jedem Ich streng seine Funktion zuzuweisen:

- Das kreative, denkende Ich soll Ideen haben, sie zu Ende denken, sie in Zweifel stellen und schließlich entscheiden.
- Wenn diese Entscheidung gefällt ist, wird sie vom instinktiven, machenden Ich bedingungslos vollstreckt.

Die Siegformel im inneren Spiel lautet: Zuerst denken, prüfen und entscheiden, dann bedingungslos handeln. Es versteht sich dabei für jeden aufmerksamen Leser von selbst, dass dem Wort »bedingungslos« besondere Bedeutung zukommt.

Es bedeutet nicht mehr und nicht weniger, als dass dem Denken das Nicht-Denken zu folgen hat. Das Entscheiden stellt das Ende des Denkens dar. Das Vollziehen ist Fortsetzung des Entscheidens und darf durch keinen Gedanken mehr gestört oder gehemmt werden.

Die Antwort auf die Frage: »Warum gelingt es mir nicht öfter, meine Ziele und Wünsche in die Tat umzusetzen?« kann deshalb folgendermaßen gegeben werden: »Es gelingt Ihnen nicht, weil Sie das Denken und Handeln vermischen.« Typisch dafür ist die von vielen Menschen praktizierte »Möchtegern-Einstellung«, die man auch »Strategie der Halbherzigkeit« nennt. Hier sind einige dieser Einstellung entsprechende Formeln:

- »Ich möchte gerne viel Geld verdienen. Aber nur, wenn ich dafür nicht allzu hart arbeiten muss.«
- »Ich will dich für den Rest meines Lebens lieben, aber nur, wenn du dich von deinem Mann scheiden lässt.«
- »Ich habe nichts gegen Schwarze, aber meine Tochter sollte doch lieber einen Weißen heiraten.«
- »Wenn du mir nichts tust, tue ich dir auch nichts.« Und so weiter.

Diese Niederlageformeln sind der Ausdruck eines inneren Spiels, das nie zu Ende gespielt wird. Es gibt keine eindeutige Entscheidung, keinen eindeutigen Verzicht und immer nur das von Kompromissen gehemmte Handeln.

Ein Sieg hingegen lässt keinen Kompromiss zu, er kann nur – wie wir wissen – bedingungslos sein.

Wer die Strategie des inneren Spiels lernen will, weil sie eine unabdingbare Grundlage von »Siegen, ohne zu kämpfen« darstellt, muss mit der Entscheidung beginnen: »Ich lasse zuerst mein Denker-Ich denken. Dann lasse ich es mein Macher-Ich machen, ohne dass ein Gedanke es stört.«

Die Schwierigkeit dabei stellt zweifellos die Umstellung vom Denken zum Handeln, also zum Nicht-Denken und bedingungslosen Vollziehen dar.

Die hauptsächlichen Gründe, warum ungezählte Übende scheitern, sind:

1. Sie misstrauen ihren eigenen Fähigkeiten und halten nur das für machbar, was nach bisherigen Erfahrungen machbar ist.

2. Ihre Angst vor einer Niederlage ist größer als der Wille zum Siegen.

3. Sie haben nur den Sieg vor Augen, aber nicht den Weg, der notwendig ist, ihn zu erringen.

4. Es fehlt ihnen die Geduld, diesen Weg so lange zu gehen, bis sie jenen Grad der Bereitschaft erreichen, in dem sich der endgültige letzte Schritt ganz von selbst ergibt.

Selbstverständlich wäre die Gefahr groß, sich beim Durchschlagen einer Holzplatte die Knöchel der Hand zu zerschmettern, wenn die Faust nicht vorher viele hunderte Male durch das Schlagen gegen einen mit Sand gefüllten

Sack gestärkt wurde. Der entscheidende Stoß würde auch scheitern, wenn in dem Augenblick vor dem Auftreffen der Faust auf das Holz nur der Funke eines Gedankens wie »Hoffentlich klappt es« die Aktion stören würde.

Damit diese Fehler vermieden werden, muss jeder, der sich damit beschäftigt, die vier Grundlagen des Übungsprinzips verstehen:

Erste Regel

Weil jeder Sieg aus Denken und Handeln besteht, muss beides in gleicher Weise trainiert werden.

Zweite Regel

Jedes Üben ist erst dann erfolgreich, wenn sich daraus der Sieg ganz von selbst ergibt.

Dritte Regel

Der Sieg des Denkens besteht darin, dass kein anderer Gedanke mehr Platz hat als das zweifelsfreie: »Ich schaffe es.« Der Sieg des Handelns besteht im bedingungslosen Vollziehen.

Vierte Regel

Jedes Üben besteht aus der Steigerung unserer Fähigkeit vom Leichten zum Schweren, vom Machbaren zum Vorstellbaren. Wer noch nie tausend Meter gelaufen ist, aber hundert ohne Schwierigkeiten schafft, kann sich vorstellen, dass er als nächste Übung zweihundert Meter so oft läuft, bis er ganz wild darauf ist, es mit dreihundert zu versuchen.

Der größte Widerstand beim Einüben der Strategie des inneren Spiels ist die Formel: »Das kann ich nicht.« Sie ist die gängigste Ausrede des Verlierers, der sich mit der Niederlage als Lebensinhalt angefreundet hat.

Sein inneres Spiel zwischen denkendem und machendem Ich ist auf eine stereotype Variation fixiert, in der das Denken nicht in eine Entscheidung übergeht, sondern in eine Heldenprojektion.

Der chronische Verlierer sucht sich eine Heldenfigur, mit deren Sieg er sich identifiziert, als wäre es sein eigener. Schein-Sieger dieser Gattung sitzen zu Millionen vor Fernsehapparaten, wenn ihre Helden an der Reihe sind. Oder sie toben sich auf Fußballplätzen, bei Parteitagen oder Rockkonzerten aus.

Ihre Variation des inneren Spiels mag ihrem Leben durchaus einen Inhalt geben. Es ist allerdings ein geliehener Inhalt, der sie von Zusammenhängen abhängig macht, auf die sie keinen Einfluss haben.

»Siegen, ohne zu kämpfen« setzt jedoch voraus, dass wir unser Leben selbst bestimmen und uns im Siegen auf niemand anderen verlassen als auf die eigenen Fähigkeiten.

7
Die Strategie, jeden Angriff ins Leere zu lenken

Jeder von uns ist im täglichen Leben fünf Arten von Angriffen ausgesetzt:

1. Selbstzweifel, ausgelöst durch Gebote und Verbote.
2. Angriffe auf unser Gefühl.
3. Angriffe auf unseren Besitz.
4. Angriffe auf unsere Persönlichkeit.
5. Angriffe auf Körper und Gesundheit.

Wir haben zwei Möglichkeiten, diesen Angriffen zu begegnen:

• Wir stellen uns und kämpfen.
• Wir lassen die Angriffe an uns vorbei ins Leere gehen.

Es versteht sich ganz von selbst, dass der wirkliche Sieg nicht errungen werden kann, wenn wir uns auf einen Kampf einlassen, dessen Ausgang nicht vorhersehbar ist. Die Siegformel lautet vielmehr unmissverständlich: »Weiche dem Angriff so lange aus, bis die Kraft des Gegners erschöpft ist.«
Dabei besteht der Sieg über den Angriff keineswegs im Ausweichen allein.
Siegen ist vor allem der Sieg über uns selbst, indem wir einen Angriff erst gar nicht annehmen.

Wer also einer Aggression nicht mit Aggression begegnet, auch nicht unter dem Vorwand, zur Abwehr gezwungen zu sein, hat den Sieg bereits errungen. Vorausgesetzt, er bleibt so lange bei seinem Entschluss, bis sich ein weiterer Angriff von selbst erübrigt.

Hier möchte ich Sie an vier Beispiele aus diesem Buch erinnern, in denen diese Zusammenhänge beschrieben wurden:

- Die Abwehr eines Angriffes mit dem Messer im Park.
- Die Art, wie der Boxer Ernst Weiss 1936 in Paris die Europameisterschaft im Leichtgewicht errang.
- Das Verhalten des Fußballtormannes beim Fangen des Elfmeterschusses.
- Die Antwort des Ehemannes, den seine Frau mit den Worten »du Waschlappen« nicht beleidigen konnte.

Im Grunde genommen sind nicht mehr als zwei Voraussetzungen erforderlich, um nahezu jeden Angriff an sich vorbei ins Leere lenken zu können: die Entscheidung, nicht zu kämpfen, sondern zu siegen, und die Techniken, Angriffe ins Leere zu lenken.

Angriffe auf unser Gefühl oder unsere Persönlichkeit werden beispielsweise häufig mit Worten geführt. Der Gegner versucht, uns durch geschickte Argumentation in die Enge zu treiben.

Einer, der uns eine Lebensversicherung verkaufen möchte, eröffnet sein manipulatives Spiel nicht selten mit einer Frage, die ein ungeübter Gegner nicht verneinen kann. Er fragt: »Möchten Sie, dass Ihre Frau und Ihre drei unmündigen Kinder verhungern, wenn Ihnen morgen etwas passiert?«

Der ungeübte Gegner antwortet arglos: »Natürlich will ich das nicht.« Damit hat er sich dem Angriff bereits gestellt und ist in den Kampf mit einem Gegner verwickelt, der hervorragend geschult ist.

Der Angreifer wird nun mit weiteren Fangfragen nachstoßen. Etwa mit einem: »Sind Ihnen denn Ihre Kinder diese läppische Jahresprämie von soundso viel nicht wert?«

Im aufkeimenden Schuldbewusstsein wird das Opfer anfangen, um seinen guten Ruf als Vater zu kämpfen, und versichern: »Aber ich bitte Sie, für meine Kinder würde ich doch alles tun.«

An diesem Punkt des Dialoges steht seine Niederlage bereits so gut wie fest.

Wie verhält sich nun ein Sieger in dieser Situation? Er reagiert auf die Frage: »Möchten Sie, dass Ihre Frau und Ihre drei unmündigen Kinder vor die Hunde gehen, wenn Ihnen morgen etwas passiert?«, mit einer von zwei möglichen Strategien:

1. Der Strategie der schnellen Entwaffnung.
2. Der Strategie des richtigen Fragens.

Die erstere besteht darin, den Angriff mit einem abweisenden Gesichtsausdruck und merklichem Desinteresse in der Stimme zu beantworten: »Wissen Sie, mein Lieber, was mit meiner Familie nach meinem Tod passiert, ist mir ehrlich gesagt egal.«

Dann wird der Angreifer einmal verlegen schlucken und vielleicht noch einen Versuch unternehmen. Dieser wird höchstens in einem: »Na, hören Sie mal« oder: »Was sind Sie nur für ein rücksichtsloser Familienvater« bestehen.

Zugegeben, diese Technik der Entwaffnung eines Angriffs auf unser Gefühl entspricht nicht der Ästhetik eines vollkommenen Anhängers von »Siegen, ohne zu kämpfen«. Er wird eher zur zweiten Variante, der Strategie des Fragens, neigen.

Diese Strategie geht von der Erkenntnis aus: »Behauptungen schlagen das Tor zu, Fragen öffnen es.« Es ist das Tor, durch das wir den gegnerischen Angriff feinfühlig ins Haus und durch die geöffnete Hintertüre wieder ins Freie hinauskomplimentieren. So lange, bis er sich in seiner Kraft erschöpft hat und der Angreifer keine Chance mehr sieht und aufgibt, ohne sich als Verlierer zu fühlen.

Einen Angriff so geschickt ins Leere zu lenken, dass sich der Angreifer nicht als Verlierer fühlt, dies ist das Ziel aller Menschen, die es in »Siegen, ohne zu kämpfen« zur Meisterschaft bringen wollen.

Hier sind die fünf Grundformen der Fragestrategie:

1. Die Informations- und Kontaktfrage.
2. Die Schmeichelfrage.
3. Die Provokationsfrage.
4. Die Verwirrungsfrage.
5. Die Beharrungsfrage.

Jeder intelligente Mensch, der während seiner Schulzeit mit langweiligen Lehrern seine liebe Not hatte, hat vermutlich mit einer weit verbreiteten Variante der Fragestrategie Bekanntschaft gemacht. Der Lehrer, der sich auf keine andere Weise mehr zu helfen weiß, greift nicht selten zu: »Ich prüfe dich jetzt mal mündlich.«

Und dann fragt der Lehrer und fragt, bis der Schüler einfach keine Antwort mehr weiß, um dann selbstherrlich zu vermerken: »Na ja, ich habe ja gewusst, dass du nichts gelernt hast. Aber frech sein, das kannst du.«

Dabei kann es sich selbstverständlich nur um einen Schein-

Sieg handeln, denn um sich selbst zu erhöhen, erniedrigt der Lehrer den Schüler. Er braucht dazu einen Verlierer.

Der entscheidende Punkt bei der Technik, einen Angriff ins Leere zu lenken, ist die Formel: »Halte es nicht fest, lass es vorüberziehen.«

Besonders eifrige Anhänger von »Siegen, ohne zu kämpfen« werden nicht müde, sich diese Formel immer wieder, oft tausende Male zu suggerieren, bis sie vollkommen in ihr Unterbewusstsein versenkt ist.

Ungezählte Techniken des Übens wurden dafür entwickelt. Eine davon geht so:

Der Übende setzt sich an einem lauten, hektischen Platz auf eine Bank und schließt die Augen. Er geht davon aus, dass er hier eine Viertelstunde lang sitzen und dabei nichts denken und nichts fühlen möchte.

Er entspannt seinen Körper und setzt sich so bequem, wie es ihm möglich ist. Dann achtet er auf den Atem. Wie er durch den Körper bis hinunter zum Nabel strömt und wie er den Körper wieder langsam und ruhig verlässt.

Spätestens zu diesem Zeitpunkt haben sich die ersten Angriffe eingestellt. Beispielsweise in der Form des Gedankens: »Was werden denn die Leute von mir denken, wenn ich mit geschlossenen Augen auf dieser Bank sitze?«

Damit beginnt nun das Training.

Die meisten Leute neigen dazu, sich an dem Gedanken festzuklammern und ihn zu vertiefen. Etwa mit der Überlegung: »Die Leute werden meinen, ich sei besoffen und schlafe hier meinen Rausch aus.«

Dann ist meistens der folgende Gedanke mit der Schockvorstellung verbunden: »Verdammt, was ist, wenn mich ein Bekannter so sieht und jedem erzählt, ich hätte hier auf einer Bank mitten in der Stadt meinen Rausch ausgeschlafen?«

Das, wie gesagt, ist die übliche Form, auf Selbstzweifel, Gebote und Verbote zu reagieren, wenn sie einen Angriff auf unser Gefühl oder unsere Persönlichkeit starten.

Die Übungsaufgabe des Anhängers von »Siegen, ohne zu kämpfen« besteht darin, dass er diese Vorstellungsfolge schon nach der Frage: »Was werden die Leute denken ...« mit der Formel beantwortet: »Halte den Angriff deiner Selbstzweifel nicht fest, lass ihn vorüberziehen.«

Dieser Vorgang, die Selbstzweifel sofort ins Leere zu lenken, wird während der ganzen Viertelstunde bei jedem weiteren Angriff neu geübt, bis er ganz automatisch erfolgt.

Wer sich einmal zu der Erkenntnis durchringen konnte: »Festhalten ist Kämpfen, Vorüberziehenlassen ist der Sieg über mich selbst«, hat meistens großen Spaß an der oben beschriebenen Übung.

8
Die Strategie des Wartens
ohne Angst

Zu den größten Hindernissen, die dem Siegen im Wege stehen, gehört die Angst. Es ist deshalb nicht verwunderlich, wenn Anhänger von »Siegen, ohne zu kämpfen« dieser Frage ganz besonderes Augenmerk schenken.

Grundsätzlich wissen wir, dass Erziehung vorwiegend darin besteht, uns durch Angst zu erpressen. Eine typische Formel lautet: »Halte den Mund, davon verstehst du nichts.« Diese Formel wird vor allem von Eltern ihren Kindern gegenüber angewandt, aber sie begleitet uns alle ein ganzes Leben lang:

- Die Kirche macht uns deutlich, dass wir sie brauchen, um Gott und sein Wirken richtig zu verstehen.
- Der Staat erfindet Jahr für Jahr neue Gebote und Verbote, um uns klarzumachen, wie sehr wir die Obrigkeit nötig haben, um durch sie – und nur durch sie – ein Leben in Gesetz und Ordnung führen zu können.
- Die Fachleute reden eine Sprache, die wir nicht verstehen, um uns dumm zu erhalten und durch scheinbar überlegenes Wissen zur Kasse zu bitten.

Alles das sind Spielformen, um uns mithilfe von »Erpressung durch Angst« auszutricksen. Was kann man dagegen tun?

Die Voraussetzung, gegen Erpressung unserer Mitwelt immun zu werden, besteht darin, die Angst in uns selbst zu besiegen. In diesem Bemühen wurden im Laufe der Jahre von Anhängern des »Siegen, ohne zu kämpfen« folgende vier Techniken entwickelt:

1. Der Lernweg.
2. Die rationale Analyse.
3. Der suggestive Weg.
4. Der Weg der großen Einheit.

Sie alle sind ein Teil der großen Strategie des angstfreien Wartens, die zum »Siegen, ohne zu kämpfen« führt. Denn niemand kann kampflos einen Sieg erringen, wenn er sich vor einem Angriff bereits fürchtet, während er noch darauf wartet. Deshalb ist es wichtig, in der Wartezeit zwischen Entscheiden und Handeln alle Zweifel zu besiegen.

Ein klassisches Beispiel des erwähnten *Lernweges* ist das so genannte Aufzugstraining.

Jemand hat Angst davor, in einen Aufzug einzusteigen. In der Enge der Kabine wird sein Atem flach, Schweiß tritt aus, die Knie zittern.

Der Lernweg zum Sieg über diese Angst besteht aus folgenden Schritten:

Erster Schritt

Der Betroffene stellt sich eine halbe Stunde lang zwei bis drei Meter entfernt vor einen Personenaufzug und beobachtet, wie die Menschen ein- und aussteigen. Er schaut ihre Gesichter an, stellt fest, dass ihnen während der Fahrt nichts passiert ist. Oder dass sie keinerlei Angst zeigen.

Zweiter Schritt

Der Betroffene stellt sich diesmal dicht vor den Knöpfen auf, mit denen der Aufzug gerufen werden kann, und holt ihn. Wenn die Kabine kommt, öffnet er sie, schaut hinein, beobachtet aus der Nähe, wie die Leute ein- oder aussteigen, und freut sich darüber, dass er im Stande war, den Aufzug zu rufen.

Dritter Schritt
Der Betroffene holt den Aufzug. Er steigt ein, fährt in den ersten Stock und steigt dort wieder aus. Er überlegt, wie alles verlaufen ist, ob er sichtbaren Schaden erlitten hat, und analysiert eventuelle körperliche Veränderungen.
Vor allem achtet er darauf, ob sich sein Atem verflacht hat. Eine Erscheinung, die in der Großhirnrinde die Angstbewältigung verhindert.
Dann steigt er wieder in den Aufzug, aber nicht, ohne vorher dreimal tief und ruhig ausgeatmet zu haben.
Diese Übung wird an mehreren Tagen wiederholt.

Vierter Schritt
Der Betroffene übt an mehreren Tagen hintereinander nach bewusstem tiefen Atmen, immer höher mit dem Lift nach oben und wieder zurückzufahren, bis er gelernt hat, dabei Spaß zu haben.

Im Grunde genommen ist diese Technik nichts anderes als die Verwirklichung des Prinzips: »Tue einmal am Tag, wovor du die größte Angst hast.« Oder: »Freunde dich mit deinem Nierenstein an«, das Sie an anderer Stelle bereits kennen lernten.
Der Lernweg ist die einfachste Stufe eines Sieges über die Angst. Die *rationale Analyse* ist eine Möglichkeit der Angst-Bewusstmachung. Sie besteht aus folgenden fünf Schritten:

1. Sie setzen sich hin und konkretisieren Ihre Angst

Sie fragen sich ganz konkret: Was ist es wirklich, wovor ich mich fürchte? Ist es die Prüfung, oder ist es der Prüfer? Fürchte ich mich vor dem anderen, oder fürchte ich mich in Wahrheit vor meiner eigenen Unzulänglichkeit? Fürchte ich mich davor, dass die Untersuchung ergibt: Du hast Krebs?

2. Sie fragen sich: Was ist das Schlimmste, das mir passieren kann?

Ist es der Tod, oder habe ich nur Angst davor, mich lächerlich zu machen? Ist meine Existenz bedroht oder nur mein guter Ruf? Wenn die Untersuchung ergibt, dass ich krebskrank bin, ist das Schlimmste, dass ich sterben muss.

3. Sie fragen sich: Was ist das Günstigste, das mir passieren kann?

Wenn ich die Prüfung nicht bestehe, kann ich es in ein paar Wochen oder Monaten noch einmal versuchen. Wenn die Untersuchung ergibt, dass ich Krebs habe, ist das Günstigste, dass ich geheilt werde und weiterlebe.

4. Ich frage mich: Was kann ich selbst tun, um das Beste aus dem zu machen, wovor ich mich fürchte?

Für die Prüfung kann ich zwei Dinge tun:

1. Ich bereite mich gut vor.
2. Ich entspanne mich vor der Prüfung, atme ganz ruhig und sage mir dreißig Mal: »Bei der Prüfung bin ich ganz ruhig. Sie macht mir Spaß, jede Angst ist gleichgültig.« Diese Formel suggeriere ich mir jeden weiteren Morgen, der mir bis zur Prüfung bleibt.

Wenn die Untersuchung ergibt, dass ich krebskrank bin, dann überlasse ich das Weitere nicht meinem Arzt. Ich prüfe alle Möglichkeiten, die es gibt, und entscheide mich für einen Plan, den ich für den besten halte.

So sieht der Plan des Architekten Bruno Decker aus, ein überzeugter Anhänger von »Siegen, ohne zu kämpfen«:

- Wenn mir ein Arzt sagt, dass ich Krebs habe, misstraue ich ihm. Ich lasse mich von zwei weiteren Ärzten untersuchen, wie es Regel zwei des Lebensspiels vorschreibt.
- Ich beginne sofort, meinen Körper zu entschlacken, indem ich mich einer Fastenkur unterziehe.
- Ich suche mir für meine medizinische Behandlung jenen Arzt, dem ich am meisten vertraue. Seine Behandlung unterstütze ich nach der Methode des amerikanischen Arztes O. Carl Simonton. Er erprobt in seinem Krebssanatorium seit Jahren mit Patienten die Visualisierung des Kampfes der eigenen Abwehrkräfte gegen die kranken Zellen.
- Ich setze mich täglich zweimal eine Stunde lang an einen stillen Ort und freunde mich mit dem Sterben an.
- Ich bringe in Ordnung, was ich vor meinem Tod geordnet haben möchte.

Der letzte Punkt der »rationalen Analyse« lautet:

5. Ich tue das sofort, was ich als das Beste für mich erkannt und wofür ich mich entschieden habe
Der Vollständigkeit halber muss ich hinzufügen, dass ich nicht beurteilen kann, ob der Plan des erwähnten Architekten viel versprechend ist. Tatsache ist, dass der Mann noch lebt und sich ausgezeichneter Gesundheit erfreut.

Es kann jedoch gesagt werden, dass er mit großer Wahrscheinlichkeit die Konfrontation mit der Angst gewinnen kann, falls ihm eines Tages – und das kann schon morgen sein – sein Arzt sagt: »Mein Lieber, ich muss Ihnen leider eine schlimme Mitteilung machen.«

Erwähnt muss auch werden, dass Decker nicht nur auf den Krebs und den Tod vorbereitet ist, um dieses vielleicht letzte große Spiel seines Lebens zu gewinnen. Er spielt genauso konsequent sein Spiel um die Gesundheit an jedem einzelnen Tag seines Lebens:

- Er ernährt sich richtig.
- Er verschafft sich täglich körperliche Bewegung.
- Er trainiert seine Atmung bewusst.
- Er löst Probleme sofort und nicht erst, wenn sie sich in seinem Körper als Herzinfarkt oder Magengeschwür manifestieren.
- Er trinkt mäßig Alkohol und raucht nicht mehr.
- Er schläft, wenn er Schlaf braucht.
- Er liebt, wenn er Lust hat.
- Er macht alles nur so lange, wie es ihm Spaß macht.

Diese Regeln entsprechen der Strategie von »Siegen, ohne zu kämpfen«. Man kann diesen Mann also durchaus jetzt schon als jemanden bezeichnen, der auf dem Weg zum Sieg ist.

Nach dem *Lernweg* und der *rationalen Analyse* ist die dritte Technik *gezielte Selbstsuggestion*. Das klassische Modell ist das autogene Training, das aus folgenden Schritten besteht:

1. Entspannen und ruhig atmen.
2. Sich vorstellen, wie der Körper ganz schwer, ganz warm durchströmt und ruhig ist.

3. Monotones Wiederholen von formelhaften Vorsätzen im Geiste. Also sich beispielsweise zwanzig Mal sagen: »Jede Angst ist völlig gleichgültig. Ich bin stark. Es geht mir gut. Ich schaffe es.«

Alle drei bisher beschriebenen Techniken der Angstbewältigung sind, das muss betont werden, nur Hinweise für Anfänger von »Siegen, ohne zu kämpfen«. Es sind Phasen der Gewöhnung an die Philosophie: »Ich bekämpfe die Angst nicht, sondern freunde mich mit ihr an, bis ich eins mit ihr bin.«

Oder, um es anders auszudrücken: bis die große Einheit hergestellt ist, von der in diesem Buch immer wieder die Rede ist.

Die große Einheit herzustellen ist ein Weg, der in Details nicht beschrieben werden kann. Wer die Zusammenhänge versteht, hat gute Chancen, es in »Siegen, ohne zu kämpfen« zur Meisterschaft zu bringen. Die Entwicklung vom Verstehen zur praktischen Erkenntnis jedoch muss jeder Interessent selbst auf seine individuelle Weise vollziehen.

Dies ist dann der Sieg über alles, was uns von einer Person oder einer Lehre, einer Philosophie oder Strategie abhängig machen könnte. Auch von der Strategie des »Siegens, ohne zu kämpfen«.

Der wirkliche Anhänger von »Siegen, ohne zu kämpfen« hat das große Spiel seines Lebens erst dann gewonnen, wenn er alles, wozu ihm »Siegen, ohne zu kämpfen« rät, über Bord werfen kann, um ausschließlich seinen eigenen Maßstäben zu folgen.

9
Die Strategie der eigenen Wahrheit

Wir sind alle ein Leben lang mit vielen Arten von Wahrheiten konfrontiert: der eigenen und jener der anderen. Im großen Wahrheitsspiel versuchen die Leute, die uns für ihren Vorteil einspannen wollen, uns ihre Wahrheit so lange einzureden, bis wir sie als unsere Wahrheit anerkennen und unser Leben danach orientieren. Sobald wir das tun, ist unsere Niederlage besiegelt, denn ein wirklicher Sieger kennt nur eine Wahrheit: seine eigene. Ihm geht es nicht darum, diese individuelle Wahrheit anderen gegenüber durchzusetzen. Er lebt danach, ohne andere davon überzeugen zu wollen. Damit spart er Zeit und Energie für die Erringung des Sieges. Jemandem unsere Wahrheit einzureden hätte für den anderen keinen Wert, weil nur er seine eigene Wahrheit finden kann. Selbst wenn es uns gelänge, ihn zu überzeugen, wäre dies für uns kein Sieg, sondern nur ein Schein-Sieg.

Denn: Wer jemand anderen braucht, um zu siegen, ist kein wirklicher Sieger.

Ein Phänomen des Wahrheitsspieles ist der »vergleichende Sieg«. Das klassische Beispiel dafür heißt: »Mein größter Wunsch wäre, so schlank zu sein wie X.« Oder: »Ich möchte so schön sein wie Y.«

Wenn ich es schaffe, so schlank zu sein wie X, bin ich nicht mehr ich selbst. Ich habe mich vielmehr der Wahrheit von X unterworfen, der daran glaubt, dass er siebzig Kilo wiegen soll und sie auch tatsächlich wiegt.

Jeder, der sich mit »Siegen, ohne zu kämpfen« beschäftigt, kann deutlich erkennen, dass es sich bei dieser Form der vergleichenden Wahrheit nur um einen Schein-Sieg handeln kann, wenn wir uns von achtzig auf siebzig Kilo heruntergehungert haben. Gleichgültig, ob das für unseren Körper gut ist oder nicht.

Ein wirklicher Sieger, oder eine Siegerin, besiegt nicht nur den Wunsch, schön zu sein, sondern natürlich auch das Bedürfnis, so schön zu sein wie irgendjemand anderer. Der wirkliche Sieger erkennt, dass er selbst für sich die Wahrheit ist, dass er also auf seine individuelle Weise »schön« ist. Es gibt keinen zweiten Menschen, der so ist wie er, also ist er auch nicht vergleichbar.

Davon ganz abgesehen, gilt für ihn der Begriff des vergleichenden Sieges nicht. So sein zu wollen wie jemand anderer wäre nur ein hoffnungsloser Kampf um einen Sieg, den er nie erringen kann. Er wäre immer nur irgendjemand anderem ähnlich. Aber er wäre weder der andere noch er selbst. Er bliebe irgendwo im Niemandsland zwischen dem anderen und sich selbst auf der Strecke.

Wenn also jemand ein Wahrheitsspiel mit uns mit der Behauptung einleitet, irgendetwas sei schön, wahr, modisch oder gut, will er nichts anderes als uns in die Irre führen.

Er möchte uns in einen Kampf verwickeln, in dem wir von vornherein im Nachteil sind, weil ja er für sich in Anspruch nimmt zu wissen, was gut, schön, modisch oder wahr ist.

Die Strategie, solche Angriffe ins Leere zu lenken, lautet: »Ich selbst bin meine Wahrheit.« Oder einfach: »Ich bin ich.« Selbstverständlich setzt dies voraus, dass ich selbst meine Wahrheit gesucht und gefunden habe, wobei die Erkenntnis »Ich bin ich« bereits einen ersten Schritt auf diesem Wege darstellt.

Das Bekenntnis zu sich, so wie man ist, ist bereits ein Sieg. Er hindert uns daran, darum zu kämpfen, ein anderer oder wie ein anderer zu sein. Selbst einem Vorbild nachzueifern ist bereits ein Schein-Sieg.

»Ich bin ich« hingegen bedeutet, dass wir mit uns selbst in der harmonischen Einheit leben, die keinen Kampf erforderlich macht. Die Aggression gegen sich selbst ist schließlich die Ursache dafür, andere besiegen zu wollen. Oder, um es anders auszudrücken: Mit dem Sieg über den anderen wollen wir letzten Endes uns selbst besiegen. Uns selbst beziehungsweise jenen Teil unseres Ich, mit dem wir kämpfen.

In den meisten Fällen ist dieser Kampf des Ich gegen das Ich nichts anderes als der Zwiespalt zwischen unserer eigenen Wahrheit und den Wahrheiten der anderen, die uns an uns selbst zweifeln lassen.

Zweifeln, das ist jedem Anhänger von »Siegen, ohne zu kämpfen« klar, bedeutet Kämpfen ohne Chance auf Sieg. Selbst wenn ein Zweifler einen Sieg errungen hat, wird er sofort daran zweifeln, ob es richtig war, gesiegt zu haben. Ein Sieg aber, der uns keine Freude macht, ist sinnlos.

Die Entscheidung zum »Ich bin ich« kann in diesem Sinne nur wirksam sein, wenn sie frei von Zweifeln ist, ob meine Wahrheit nun tatsächlich die richtige ist oder ob nicht doch die Wahrheit, die jemand anderer als Wahrheit darstellt, ein wenig richtiger ist.

Im Grunde genommen ist das Bekenntnis zur eigenen Wahrheit nichts anderes als ein Sieg über die Zweifel an unserem Selbstbekenntnis. Wenn wir uns nämlich einmal auf das Zweifeln eingelassen haben, werden wir nicht nur unsere eigene Wahrheit anzweifeln, sondern auch alle anderen Wahrheiten.

Angesichts dieser Situation erkennt jeder, der sich mit »Siegen, ohne zu kämpfen« auseinander setzt: Jede Wahrheit eines anderen, die ich ständig anzweifle, stürzt mich in einen Kampf, den ich nicht gewinnen kann. Denn der Gegner ist sich seiner Wahrheit sicher. Er braucht nur abzuwarten, bis meine Zweifel groß genug geworden sind, und dann zuzuschlagen.

Wenn wir von Zweifeln verunsichert sind, bleibt uns keine Chance. Also ist es in jedem Falle besser, uns zu unserer eigenen Wahrheit zu bekennen und alle Angriffe ins Leere zu lenken.

Obwohl es nicht die Sache von »Siegen, ohne zu kämpfen« ist, über die Folgen zu spekulieren, die das individuelle Lebensspiel für die Allgemeinheit haben könnte, so ist doch die Frage reizvoll: »Was wäre, wenn eine Million Menschen aufhören würde, so sein zu wollen, wie andere es ihnen vorschreiben, und nur noch nach der eigenen Wahrheit lebten?«

Welche Folgen hätte das?

Mit Sicherheit würde keiner dieser Menschen mehr ein Geschäft betreten, in dem Cremes, Sprays, Pflaster und Methoden verkauft werden, die sie jünger ausschauen lassen, als sie sind. Denn jünger sein zu wollen ist – wie wir wissen – ein Kampf gegen uns selbst, den sich alle zunutze machen, die uns Verjüngungsmittel verkaufen.

Wer uns diese Mittel verkauft, will darüber hinaus aber auch, dass wir niemals mit uns selbst zufrieden sind, sondern immer wieder nach neuen und besseren Mitteln verlangen.

Wer sagt: »Ich bin ich. Ich bin meine Wahrheit, meine Schönheit. Ich bin unvergleichlich und vergleiche mich auch nicht«, hat diesen Kampf beendet. Er hat gegen sich selbst gesiegt.

Was nun die Wahrheiten sind, die uns von den Leuten, die uns manipulieren wollen, entgegengehalten werden, so kennen wir sie alle. Trotzdem empfiehlt es sich, sie uns immer wieder vor Augen zu führen. Zu den wichtigsten gehören diese so genannten Wahrheiten:

- Der Einzelne gilt nichts, die Gemeinschaft gilt alles.
- Was für die meisten gut ist, kann nicht falsch sein.
- Die Schule bereitet uns darauf vor, das Leben richtig zu meistern.
- Ärzte wollen unsere Gesundheit, Richter wollen die Gerechtigkeit.
- Die Liebe macht uns glücklich.
- Wer mehr besitzt, ist auch mehr.
- Die Familie ist die beste Voraussetzung für glückliche Kinder.
- Die Kirche bringt uns Gott näher.
- Der Mensch sehnt sich nach Frieden.
- Wer weniger besitzt als ich, ist arm.
- Mitleid rechtfertigt alles.
- Leute, die nie Zeit haben, sind fleißig.

Alles das sind gängige Begriffe, die als allgemein gültige Wahrheiten anerkannt werden. Nicht zufällig. Sie dienen allen, die damit umzugehen verstehen, dazu, uns in unserem eigenen, natürlichen Wahrheitsempfinden zu verunsichern, bis wir uns selbst nicht mehr zutrauen zu erkennen, was für uns richtig ist oder falsch.

Wer dieses Stadium des Zwiespaltes mit sich selbst einmal erlangt hat, schlittert von einer Niederlage in die andere. Die anderen sorgen dafür, dass er von ihnen und ihren Wahrheiten abhängig bleibt.

So gesehen, gehört das Wahrheitsspiel zum täglichen Gebrauch im Umgang mit den Menschen und ist eine verfeinerte Variante des Erziehens durch Erpressen.

Wenn uns jemand mit einer, nämlich seiner Wahrheit konfrontiert, gibt es drei Möglichkeiten:

- Wir haben keine eigene Wahrheit, akzeptieren darum die andere und unterwerfen uns. Wir sind glücklich darüber, endlich zu wissen, wo es für uns langgeht.
- Wir haben eine eigene Wahrheit, aber wir zweifeln daran, ob unsere oder die Wahrheit des anderen richtig ist. In diesem Falle lassen wir uns auf einen Kampf mit unbestimmtem Ausgang ein.
- Wir glauben an unsere Wahrheit und zweifeln nicht daran. Dann können wir den Angriff des anderen gelassen an uns vorbei ins Leere gehen lassen.

10
Die Strategie der Ruhe
in der Bewegung

In der Mitte der siebziger Jahre fand in der japanischen Stadt Kyoto ein Turnier für Schwertkämpfer statt. Von Leuten also, die mit der Waffe in der Faust aufeinander einschlagen. Die Körper sind dabei durch eine Spezialbekleidung geschützt. In einem dieser traditionellen Duelle standen einander zwei achtzigjährige Schwertkampfmeister gegenüber. Fünf Minuten lang standen sie da. Völlig bewegungslos. Die Waffe in der Faust, Spitze an Spitze.
Fünf Minuten lang war es vollkommen still in der Arena. Kein Zuschauer schrie: »Macht schon, ihr müden Brüder« oder: »Wann geht's denn hier endlich los?« Nach diesen spannungsgeladenen Minuten brach der Schiedsrichter den Kampf ab. Sein Urteil: unentschieden.
Für einen Sportsfreund aus dem Westen mag so etwas lächerlich erscheinen: kein einziger Schlag, keine Bewegung. Nur zwei alte Männer, die einander belauern. Für alle, die sich mit »Siegen, ohne zu kämpfen« befassen, ist dies ein lehrreiches Beispiel. Ein Experte kommentierte den erwähnten Kampf, der keiner war, folgendermaßen: »Hier fand eine Auseinandersetzung auf geistiger Ebene statt. Ein Duell von höchster Spannung, das nichts mit Sport zu tun hat. Wenn einer in den Augen des Gegners den Funken einer Unsicherheit bemerkt hätte, wäre der entscheidende Schlag erfolgt. Nur der Hauch einer Bewegung wäre blitzschnell vom Gegner ausgenützt worden.«

Aber keiner der beiden Männer gab sich eine Blöße. Ihr Sieg bestand darin, sich selbst zu besiegen. Sie hatten sich jahrzehntelang durch tägliches Meditieren von ihren Ängsten, Erwartungen und ihrer Ungeduld befreit. Sie waren in vollkommener Harmonie mit Leben und Sterben, mit Sieg und Niederlage, mit sich und dem Gegner.

Im Grunde genommen hätte keiner der beiden Männer den anderen gebraucht, um einen Sieg zu demonstrieren. Es war keine Bewegung ihrer Körper erforderlich, um die Dynamik spürbar zu machen, die in ihrer geistigen Auseinandersetzung lag.

Dieses Beispiel ist ein Hinweis darauf, wie sich »Siegen, ohne zu kämpfen« von den bei uns üblichen Vorstellungen des täglichen Lebensspiels unterscheidet.

Die meisten von uns meinen, je lauter wir uns bemerkbar machen, je schneller wir ankommen und je mehr Gegner wir auf der Strecke lassen, umso erfolgreicher müssten wir sein. Dabei hat das Siegen nichts, aber auch wirklich nichts mit dem Lärm zu tun, den wir dabei verursachen.

Vielleicht ist Ihnen zufällig die Geschichte von der Katze und der Ratte bekannt. Ein Gleichnis, wie es japanische Zen-Meister manchmal ihren Schülern erzählen. Hier ist sie, kurz nacherzählt:

Ein Mann hatte eine Ratte im Haus, also kaufte er eine Katze, die die Ratte erledigen oder zumindest vertreiben sollte. Die Katze galt als besonders stark, schnell und angriffslustig.

Schon am ersten Tag jagte sie siegessicher im Haus herum, immer hinter der Ratte her, die sich allerdings nicht fangen ließ. Die Ratte zog sich vielmehr tagsüber in ihr Versteck zurück und kam nur heraus, wenn die Katze vor Anstrengung eingeschlafen war.

So ging das ein paar Wochen lang. Da gab der Mann enttäuscht die Katze zurück und tauschte sie gegen eine andere ein, die weder kräftig noch angriffslustig erschien. Kaum
war sie im Haus, rollte sie sich in einer Ecke zusammen und
schlief sofort ein.

Die Ratte fasste allmählich wieder Mut. Sie lief im Haus
herum, als gäbe es niemanden, der ihr gefährlich werden
könnte. Eines Tages ging sie sogar so weit, ein- oder zweimal ganz dicht an der Nase der vor sich hin dösenden Katze vorbeizustolzieren.

Beim dritten Mal allerdings machte die Katze einen Satz
und streckte die Ratte mit einem einzigen gewaltigen Tat-
zenhieb zu Boden.

Nichts könnte die Strategie der Ruhe in der Bewegung besser demonstrieren als diese Geschichte. Sie zeigt, wie jeder
von uns einen Sieg erringen kann, wenn er zwei Fähigkeiten beherrscht:

1. Ruhig zu sein, bis der Augenblick des Siegens gekommen
   ist.
2. Zuzuschlagen, wenn der Gegner sich eine Blöße gibt.

Es mag sein, dass manchen interessierten Leser der Ausdruck »zuschlagen« stört, weil er glaubt, »Siegen, ohne zu
kämpfen« sei eine schmerzlose, friedliche Sache. Ganz im
Gegenteil. Wer schon einmal einen Sieg über sich selbst
errungen hat, weiß genau, dass es oft viel bequemer ist,
einem Gegner im Zorn über den Schädel zu hauen, als es
nicht zu tun.

Einen Sieg durch die Strategie der Ruhe in der Bewegung zu
erringen setzt – um der Sache weiter auf den Grund zu
gehen – Folgendes voraus:

- Einen Gegner, der angreift.
- Unsere Fähigkeit, so lange völlig gelassen zu bleiben, bis sich der Gegner die entscheidende Blöße gibt, mit der wir ihn kampflos ins Leere lenken. Wobei zu bedenken ist, dass damit im Prinzip der Sieg auf die gleiche Weise erfolgt wie jener der erwähnten Katze über die Ratte.

Ein ernsthafter Anhänger von »Siegen, ohne zu kämpfen« hat einen Sieg praktisch schon in der Tasche, wenn er selbst mit den beiden Faktoren Ruhe und Bewegung zu spielen versteht, während sich der Gegner ständig in Bewegung befindet.

Wichtig ist zu erkennen: Wer sich bewegt, ist weniger stabil als jemand, der ruht. Wer einen raschen Schritt macht, befindet sich den Bruchteil einer Sekunde lang nicht im Gleichgewicht. Ein Bein ist in der Luft, das andere berührt den Boden nur mit Ferse oder Fußballen, während der Mittelpunkt des Körpers nicht im Lot ist.

Wenn ein Angreifer genau in diesem Bruchteil eines Augenblicks einen leichten Stoß an die genau richtige Stelle seines Körpers erhält, verändert sich die Richtung des Angriffs mit dessen eigener Dynamik.

Die wichtigste Fähigkeit, die der Angegriffene deshalb braucht, ist diese: Er muss eins sein mit dem Gegner und dessen Angriff, um den Angreifer von innen zu lenken.

Wie aber, wird der Leser fragen, kann ich mit dem Angreifer eins sein angesichts der Bedrohung, der ich ausgesetzt bin? Die Antwort lautet: Indem ich den Angriff nicht als Bedrohung interpretiere, sondern als alltäglichen Vorgang, dem ich auf selbstverständliche Weise gerecht werden kann. Eine Bedrohung nicht als Bedrohung zu betrachten bedeutet, frei von jenem Denken und Fühlen zu sein, das man mir von Kindheit an beigebracht hat. Dazu gehören Vorurteile wie diese:

- »Wenn man dich angreift, setze dich zur Wehr.«
- »Wenn jemand stärker ist als du, ist es verständlich, dass du dich vor ihm fürchtest.«
- »Wenn dich ein Vorgesetzter erniedrigt, hältst du besser den Mund, denn er sitzt am längeren Hebel.«

Wer sich solchen Spielregeln kritiklos unterwirft, braucht das Spiel um die individuelle Entfaltung seiner Persönlichkeit erst gar nicht anzutreten.

Was wir aus dem Verhalten der beiden Schwertkämpfer und der scheinbar schläfrigen Katze lernen können, ist dies:

Die Kraft des Siegens kommt nicht aus der Bewegung, sondern aus dem Zusammenwirken zwischen Bewegung und Ruhe. Dies zu verstehen und im täglichen Lebensspiel auszuprobieren ist ein sehr viel versprechender Schritt in der Kunst von »Siegen, ohne zu kämpfen«.

Als klassisches Trainingsmodell kann dieses eheliche Streitspiel angesehen werden:

Partner A beschimpft Partner B.

B bleibt ganz ruhig, wie die Katze, als ihr die Ratte das erste Mal vor der Nase herumtanzte.

Je ruhiger B bleibt, umso wütender wird A. In blindem Zorn gerät er bald aus dem Gleichgewicht.

B nützt diesen Augenblick, um mit einem gezielten Eingriff die Richtung des Angriffs an sich vorbei ins Leere zu lenken. Dieser Eingriff kann im Streitspiel dreierlei sein:

1. Eine entwaffnende Zustimmung wie: »Du hast Recht, mein Schatz, ich bin wirklich ein ganz und gar unverbes-

serliches Miststück, das zum Teufel gejagt gehört. Tue es doch endlich.«

2. Eine Verwirrungsfrage, die den Angreifer aus dem Konzept bringt, wie: »Bevor du mich umbringst, mein Schatz, möchte ich dir noch sagen, dass ich dich in allen diesen Jahren noch nie so wunderschön gefunden habe wie gerade jetzt in deinem berechtigten Zorn.«

3. Oder der alles entscheidende Prankenhieb: B packt die Koffer und verlässt den Partner für immer.

Denn wer siegen will, muss, wie wir inzwischen wissen sollten, bereit sein, auf alles, woran er sich gewöhnt hat, jederzeit zu verzichten.

11
Die Strategie der einen Chance

Die Strategie der einen Chance geht auf zwei grundlegende Erkenntnisse zurück. Sie lauten:

1. Wir haben immer nur eine Chance. Aber auch die zweite Chance ist die eine.
2. Die eine Chance haben wir immer jetzt.

Diese Zusammenhänge zu verstehen ist die Voraussetzung dafür, die Strategie der einen Chance zu begreifen. Wobei es für jedermann verständlich erscheint, dass jeder Augenblick unseres Lebens unwiederbringlich ist.

Daraus folgt, dass alles versäumt ist, was nicht zu jenem Zeitpunkt erledigt wird, zu dem es getan werden soll, weil gerade jetzt alle maßgeblichen Komponenten in vollkommenem Einklang sind.

Die Schlussfolgerung daraus heißt: Tue heute, was heute getan werden soll, und morgen, was morgen getan werden soll. Wenn du es versäumt hast, musst du morgen gleichzeitig tun, was heute fällig war, und das, was morgen fällig ist. Du kannst für jedes also nur mehr die halbe Kraft einsetzen. Deshalb kann gesagt werden, dass sich der Sieger vom Verlierer dadurch unterscheidet, dass der eine den Erfordernissen des Augenblicks gerecht wird, während der andere ständig mit sich, seiner Zeiteinteilung und den Folgen seiner Unentschlossenheit zu kämpfen hat.

Einen Sieg zum richtigen Zeitpunkt, nämlich jetzt, zu erringen löst alle Probleme sofort. Wer allerdings auf morgen verschiebt, was heute getan werden soll, verbraucht einen Teil seiner Energie bis morgen dafür, mit seinen Schuldgefühlen und Selbstvorwürfen fertig zu werden.

Diese Verliererhaltung ist eine verhängnisvolle Erscheinung unserer Erziehung. Sie zwingt uns, alles, was wir jetzt und spontan tun möchten, nach vielerlei Kriterien zu prüfen, in Frage zu stellen und nach Maßstäben zu bewerten, die für uns und das Jetzt gar keine Gültigkeit besitzen.

Die Maßstäbe der Gesellschaft, in der wir leben, beruhen auf zwei Voraussetzungen:

1. Sie wurden vor hunderten von Jahren aufgestellt und entsprechen längst nicht mehr den Erfordernissen unserer Zeit.
2. Sie dienen angeblich dem Wohle der Gemeinschaft auf Kosten der individuellen Erfordernisse des Einzelnen.

Es erhebt sich die Frage, ob in allen diesen Jahrhunderten tatsächlich diese Verhaltensmaßstäbe die Gemeinschaft davor geschützt haben, von Einzelnen unterdrückt, missbraucht und irregeführt zu werden.

Wir alle wissen, dass genau das Gegenteil der Fall war. Es haben Einzelne das Wohl der Gemeinschaft zum Vorwand genommen, Menschen zu unterdrücken und ihnen ihre Vorstellungen aufzuzwingen. Nicht selten waren es Wahnvorstellungen.

Die Behauptung, dass der Einzelne sich den Interessen der Gemeinschaft unterzuordnen hätte, um Ruhe, Ordnung und Sicherheit zu gewährleisten, ist nichts anderes als ein hinterhältiger Spielzug, um andere für sich kämpfen zu lassen.

Wer sich diesem System unterordnet, ist ein Verlierer ohne Chance auf einen Sieg. Es sei denn, er erkennt die Chance der Selbstbefreiung und nützt sie ohne Zögern.

Dieser Spielzug im Verlaufe des Lebensspiels kann sich zu verschiedenen Zeiten auf verschiedenen Spielplätzen anbieten:

- Im Beruf, wenn wir erkennen, dass die Tätigkeit, die wir seit vielen Jahren ausüben, gar nicht das ist, was wir wirklich tun möchten. Oder wofür wir uns tatsächlich am besten eignen.
- In der Partnerschaft, wenn wir erkennen, dass die Gemeinsamkeit für uns nicht jene fruchtbringende Ergänzung bringt, die wir erwartet haben, sondern uns mehr Sorgen als Freuden bereitet.
- In einer Freundschaft, wenn wir erkennen, dass sie uns mehr belastet als nützt.

Eine entscheidende Funktion bei der Nutzung der einen Chance hat der Zeitpunkt, an dem wir das Unbehagen spüren und die Veränderung wünschen. Von diesem Augenblick an läuft die Stoppuhr des Lebensspiels und drängt nach Entscheidung. Dabei treten zwei Phänomene in Kraft, ob wir es wollen oder nicht:

1. Der richtige Augenblick des Handelns ist der Punkt, an dem Wunsch und Energie zur Veränderung am größten sind.
2. Mit jedem Tag, den wir eine notwendig gewordene Veränderung hinausschieben, sinkt die Energie des Handelns im gleichen Maße, in dem die Abhängigkeit von jenem Zustand zunimmt, den wir als falsch erkannt haben.

»Siegen, ohne zu kämpfen« heißt also, seine Chance zu jenem einen Zeitpunkt wahrzunehmen, an dem die Voraussetzungen am besten sind, und dabei den folgenden Grundsatz zu beachten: »Alles hat seine Zeit, und alles braucht seine Zeit.«

Dieser Grundsatz ist eines der Geheimnisse von »Siegen, ohne zu kämpfen«. Er bedeutet, dass ein Wunsch zum Handeln und das Handeln selbst in vollkommener Harmonie sind ohne Angst und Zweifel.

Ein weiteres Geheimnis ist, dass der wirkliche Sieg nicht erst zum Zeitpunkt einer Konfrontation errungen wird, sondern schon lange vorher. Zum Zeitpunkt des Vollzuges einer Entscheidung muss der Sieg schon längst programmiert sein.

Die Strategie der einen Chance besteht also nicht nur darin, die eine wahre Chance zu nützen, sondern ununterbrochen die Fähigkeit zu trainieren, jede Chance sofort wahrzunehmen, sobald sie sich bietet.

Der interessierte Leser erinnert sich vermutlich, wie der in einem vorangegangenen Kapitel beschriebene Fußballtormann sich auf die Chance vorbereitet, einen Elfmeterschuss zu fangen.

Hier ist das Beispiel eines aufstrebenden jungen Tennisspielers, der beschlossen hat, mit sich selbst, dem Ball und dem Gegner eins zu sein, um in jedem Match seine Chance wahrzunehmen.

Lassen wir ihn sein System selbst erklären:

Erster Teil
Bisher habe ich nur meinen Körper, meine Intelligenz, Kondition und Talent eingesetzt. Jetzt fange ich damit an, auch meine ungenützte Energie und meinen unbewussten Lenkungsmechanismus zu trainieren.

Ich fange damit an, ihn systematisch und täglich genauso zu perfektionieren wie das Tennisspielen.

Zweiter Teil

Wer im Tennisspiel siegen will, muss im Stande sein, sich von allem frei zu machen, was ihn am hundertprozentigen Einsatz hindert. Ich bin frei von allem, was mich während der Dauer eines Spiels daran hindert, alle Kräfte einzusetzen. Wenn ich frei bin und alle meine Kräfte lange genug trainiert habe, dann spielt aus mir heraus mehr als nur mein bewusstes Ich.

Dann spielt ES.

ES ist mein hundertprozentiges Ich, das unendlich viel mehr kann als nur das bewusste, durch ständige Zweifel, Emotionen und störende Gedanken eingeschränkte Ich.

ES kann das vollkommene Tennisspiel spielen, weil ich mit mir selbst, mit dem Gegner, dem Ball, Umwelt, Ort, Zeit und dem ganzen Kosmos eine einzige große Einheit bin.

Dritter Teil

Die Grundlage dafür, diese vollkommene Einheit herzustellen, ist die Atmung. Sooft ich an jedem Tag dazu Gelegenheit habe, entspanne ich mich und werde eins mit meiner Atmung.

Ich folge im Geiste meinem Atem, wie er durch den Körper strömt. Dabei stelle ich mir vor, wie ich die Energie des Kosmos in mich aufnehme.

Ich atme ganz ruhig und langsam aus und stelle mir dabei vor, wie sich die Energie des Kosmos im ganzen Körper verteilt. Ich bin ganz mit Kraft und Energie erfüllt.

Vierter Teil

Wenn ich zehn oder zwanzig Mal tief und ruhig geatmet habe und mein Geist und Körper in Harmonie sind, dann trainiere ich in meiner Vorstellung immer wieder das vollkommene Spiel.

Ich stelle mir vor, wie ich auf dem Tennisplatz bin und das vollkommene Spiel aus mir heraus spiele. Mein Gegner ist der beste Tennisspieler der Welt, aber das ist völlig gleichgültig. Ich bin eins mit mir selbst. Kein Denken stört mich. Kein Fühlen, kein Vorurteil. Ich bin eins mit dem Ball. Ich bin auch eins mit dem Gegner.

Eins zu sein mit dem Ball heißt, dass ich immer dort bin, wo der Ball ist. Eins zu sein mit dem Gegner bedeutet, dass ich ihn, sein Denken und Handeln spüre, als wäre er ich und ich wäre er.

Auf diese Weise spüre ich genau, was er denkt, plant und tut. Ich bin eins mit ihm, bevor sein Schläger den Ball trifft. Ich bin eins mit dem Ball, wenn er fliegt und von meinem Schläger ganz automatisch wie in Trance getroffen wird.

Ich stelle mir im geistigen Training immer wieder diese vollkommene Einheit mit mir selbst, dem Ball und dem Gegner vor, bis meine Vorstellung mit der Realität eins ist und es sich ganz von selbst im Spiel vollzieht.

Dies sind vier Teile aus dem Trainingsprogramm des erwähnten jungen Tennisspielers, der nach dem vollkommenen Spiel strebt, also nach dem wirklichen Sieg.

Was er dabei täglich trainiert, ist nichts anderes als die Fähigkeit, jede Chance vollkommen zu nützen, indem er eins mit sich, dem Ball und dem Gegner ist. Mit anderen Worten: Wenn er diese Einheit zu Stande bringt, erringt er seinen Sieg.

Was für einen Fußballtormann oder Tennisspieler gilt, kann sich jeder interessierte Leser zunutze machen, wenn er in »Siegen, ohne zu kämpfen« Fortschritte erzielen will. Denn »Siegen, ohne zu kämpfen« ist im Grunde genommen nichts anderes, als einen Elfmeterschuss zu fangen oder vollkommenes Tennis zu spielen.

12
Die Strategie des Urteils
ohne Vorurteil

In der entscheidenden Phase eines Spiels kann das Vorurteil den Spieler auf folgende Weise beeinflussen:

- Wenn er bereits einen Sieg errungen hat, ist er davon überzeugt, dass ihm auch der nächste Sieg keine Mühe bereiten wird. Er verlässt sich auf Erfahrung und Selbstbewusstsein. Dadurch ist er geneigt, Hindernisse zu unterschätzen und sich nicht mehr so ernsthaft auf eine Konfrontation vorzubereiten, wie es erforderlich wäre.
- Wenn er noch keinen Sieg errungen hat, ist sein Respekt vor einem erfahrenen Gegner oder einem Hindernis so groß, dass er die eigenen Möglichkeiten unterschätzt und sich sagt: »Mit viel Glück kann ich es vielleicht schaffen.« Zufall und Glück aber sind, wie wir wissen, keine guten Voraussetzungen für einen Sieg.
- Eine andere Vorurteilsvariante besteht darin, dass der Spieler, der noch keinen Sieg errungen hat, die Wirkung eines angeberischen Auftretens überschätzt und die Form für wichtiger hält als den Inhalt. Dadurch besteht die Gefahr, dass er die Kontrolle über seine Spielzüge verliert.

In allen drei Fällen beginnt der Spieler ein Spiel mit Vorurteilen und nicht auf der Grundlage realistischer Beurteilung.
Die erste Grundregel des Urteils ohne Vorurteil hingegen

lautet: Schätze die eigenen Kräfte realistisch ein, ohne auf deine Wünsche oder Ängste Rücksicht zu nehmen.

Die zweite Grundregel: Beurteile die Stärke des Gegners realistisch, indem du das Für und Wider abwägst und mit deiner eigenen Stärke vergleichst.

Die dritte Grundregel: Finde die größte Schwäche des Gegners und setze dort deine eigene größte Stärke ein, ohne Rücksicht, ohne Hoffen oder Bangen und nur mit dem einen Ziel, den Sieg zu erringen.

Die vierte Grundregel schließlich lautet: Beurteile eine Situation niemals nach dem, was war oder sein könnte, auch nicht nach gut oder schlecht, sondern nur nach der Realität des Jetzt. Nur so kannst du *jetzt* auch einen Sieg erringen.

Auf unser tägliches Leben umgemünzt, bedeutet dies: Lebe jeden Augenblick deines Lebens, wie es ihm entspricht, unbelastet von dem, was der vorangegangene Augenblick brachte.

Diese Erkenntnis sagt für den Eingeweihten alles über »Siegen, ohne zu kämpfen« aus. Jeder Kampf, den wir führen, hat seine Ursache in etwas, das vergangen ist oder vor uns liegt. Schon das Bestreben, einem Sieger den Sieg abzujagen, ist nichts anderes, als morgen selbst etwas besitzen zu wollen, was ein anderer schon gestern besaß.

Der wirkliche Sieg jedoch kann nur im Jetzt errungen werden. In diesem Augenblick. Er gilt allerdings auch nur für den einen Augenblick, weil der nächste Augenblick schon wieder völlig andere Voraussetzungen bringt.

In diesem Sinne ist jeder einzelne Augenblick unseres Lebens ein ganz neues Leben.

Wer solchen Überlegungen folgen kann, erkennt den relativen Wert eines Sieges und beurteilt ihn vorurteilslos. Er weiß, dass jeder Sieg nicht das ist, was in ihn hineininterpretiert wird, sondern das vollkommene Erlebnis eines Augenblicks, für das weder Gegner noch Kampf erforderlich sind.

Zugegeben, Überlegungen wie diese lassen »Siegen, ohne zu kämpfen« mehr als spekulative Philosophie erscheinen denn als eine praktische Strategie für das aggressionsfreie Alltagsleben. Andererseits jedoch ist die Grundlage jedes praktischen Handelns das Verstehen aller Zusammenhänge.

Nur so wird der alles entscheidende Unterschied zwischen Kämpfen und Siegen im täglichen Lebensspiel verständlich. Jede Religion, Ideologie oder Moral geht davon aus, dass der Anhänger sich angeblichen Wahrheiten und strengen Vorschriften entsprechend verhält und möglichst wenig über deren Hintergründe nachdenkt. Bei »Siegen, ohne zu kämpfen« ist es genau umgekehrt.

»Siegen, ohne zu kämpfen« ist ein Denkmodell, das jeden, der sich dafür interessiert, auf die Logik der Zusammenhänge hinweist. Ohne Vorschriften, ohne Anspruch auf Richtigkeit oder Wahrheit.

Es liegt an jedem selbst, die Zusammenhänge für sich und seine ganz persönlichen Fähigkeiten und Bedürfnisse neu zu entdecken, zu Ende zu denken und sein eigenes Verhaltensmodell daraus zu formen.

Dadurch wird er zu seinem eigenen Schiedsrichter für Sieg und Niederlage, wie es Regel vier des Lebensspiels verlangt. Die Funktion des Schiedsrichters über sich selbst kann jemand allerdings nur erfüllen, wenn er gelernt hat, der Strategie des Urteils ohne Vorurteil entsprechend zu denken. Ein Sieg setzt die Beurteilung einer Situation nach ihrer augenblicklichen Realität voraus. Ein Vorurteil indes ist nichts anderes als der Versuch, durch Hoffen oder Fürchten der Realität auszuweichen. Niemand aber kann den Angriff eines Gegners kampflos an sich vorbei ins Leere lenken, wenn er sich vor dem Angriff fürchtet, weil er den Angreifer nicht realistisch beurteilt hat.

Vermutlich dient das Vorurteil den meisten Menschen als Schutzmechanismus vor der Rücksichtslosigkeit der Realität des Lebens. Ein Arbeiter findet Trost in dem Vorurteil, dass alle Unternehmer geldgierige Ausbeuter seien, die auf Kosten ihrer Untergebenen ein luxuriöses Leben führen. Und dass es andererseits für einen, der »unten« ist, keine Chance gebe, jemals nach »oben« zu kommen.

Dieses Vorurteil hat, wie jeder weiß, zu Revolutionen geführt. Es waren Revolutionen ohne Siege. Und warum? Weil auf der Basis eines Vorurteils kein Sieg errungen werden kann. Deshalb sind Revolutionen nur Spiele ohne Sieg, in denen eine Gruppe dadurch an die Macht gelangt, dass sie eine andere stürzt und den Menschen, in deren Namen die Revolution durchgeführt wurde, einredet, etwas Schlechtes sei durch etwas Gutes abgelöst worden.

Diese Spielvariante zur Beherrschung vieler durch wenige ist zweifellos nur spielbar, wenn die vielen in dem Vorurteil erhalten werden können, dass an allen Opfern, die erforderlich sind, jene die Schuld tragen, die gestürzt worden sind.

Macht kann nur durch Vorurteile errungen und erhalten werden. Wobei als größtes Vorurteil jenes gilt, dass jemand, der Macht besitzt, diese auch ausüben könne. Tatsächlich entblößt er sich seiner Macht in jenem Augenblick, in dem er sie einsetzt.

Solange ein Mächtiger bei denen, die er beherrscht, das Vorurteil wachhalten kann, er sei tatsächlich mächtig, kann er durchaus einen Schein-Sieg für sich in Anspruch nehmen. Einen Schein-Sieg, der sofort seinen Wert verliert, wenn der Mächtige beginnt, seine Macht auszuüben.

Denn: Jede ausgeübte Macht gibt den Blick frei auf die Schwächen dieses Spielsystems. Schon die erste Schwäche, die ein Mächtiger bei der Ausübung der Macht zeigt, ist der Beginn seiner Niederlage.

Kaum ein Gegner ist deshalb in einem Lebensspiel so verwundbar wie ein Mächtiger oder jemand, der für sich (eine) Autorität in Anspruch nimmt.

Da Mächtige keine Niederlage erleiden und Autoritäten sich nie irren dürfen, haben sie sich im Grunde genommen in jenem Augenblick disqualifiziert, in dem sie sich verleiten ließen, um ihre Macht oder ihr Ansehen zu kämpfen.

Deshalb ist es logisch, dass ein Anhänger von »Siegen, ohne zu kämpfen« sein Bedürfnis nach Macht besiegt, um sich nicht der Niederlage auszusetzen, die jeder erleidet, der sich vom Machtbedürfnis beherrschen lässt.

Hinweise wie diese lassen den Schluss zu, dass auch Macht und Autorität nichts anderes sind als Vorurteile, hinter denen die Realität verborgen werden soll.

Wer indes gelernt hat, einen Gegner oder eine Situation nach der derzeitigen Realität zu beurteilen, die hinter dem Vorurteil steht, versetzt sich ganz automatisch in eine günstige Position.

Wenn er seine nächsten Spielzüge Schritt für Schritt aneinander reiht, steht einem Sieg nichts mehr im Wege.

13
Die Strategie des großen Plans
und der kleinen Schritte

Wer »Siegen, ohne zu kämpfen« lernen will, braucht folgende Voraussetzungen:

1. Er muss sich selbst kennen.
2. Er muss wissen, was er will.
3. Er braucht einen großen Plan.
4. Er muss sich mit seinem Plan identifizieren.
5. Er muss diesen Plan in kleinen, machbaren Schritten verwirklichen.

Es mag stimmen, wenn gelegentlich behauptet wird, so genannte Aktions-Typen seien für das Siegen besser geeignet als Reaktions-Typen. Tatsächlich muss jedoch jeder Interessent selbst erkennen, welchem dieser zwei Verhaltens-Typen er angehört und wie er damit fertig wird.
Hier ist eine Beschreibung der Unterscheidungsmerkmale:

Der Reaktions-Typ
Ein Reaktions-Typ besitzt erfahrungsgemäß keinen langfristigen Plan für sein Leben. Er steigt am Morgen aus dem Bett und denkt: »Ich bin gespannt, was mir dieser Tag so bringen wird.« Wenn ihm der Tag und die Mitmenschen etwas bringen, reagiert er darauf. Dabei kann es durchaus sein, dass er auf seine Kosten kommt.
Weil ein Reaktions-Typ jemanden braucht, der ihn zum

Handeln veranlasst, ergibt es sich von selbst, dass er von Natur aus kein Siegertyp ist. Es sei denn, er erkennt sein bisheriges Verhalten und ändert es.

Der Aktions-Typ

Der Aktions-Typ geht davon aus, dass er selbst sein Leben bestimmen kann. Er wartet nicht, bis ihn jemand anspricht, er kommt auf Menschen und Dinge zu. Aktions-Typen müssen allerdings deshalb noch keine Sieger sein. Sie sind oft versucht, ihre Aktivität nicht zuerst für sich selbst, sondern gegen andere einzusetzen.

In diesem Falle lassen sie andere für sich handeln. Sie machen sich in gewissem Sinne davon abhängig. Wie wir wissen, kann jemand, der andere zum Siegen braucht, kein wirklicher Sieger sein.

Hier ein vergleichendes Beispiel:

Ein R-Typ fragt den A-Typ: »Ich möchte gerne heute früher nach Hause gehen. Ist dir das recht?«

Der A-Typ antwortet nicht sofort mit »ja«, sondern überlegt sofort, wie er diese Bitte für sich ausnützen kann. Zuerst versucht er, dem R-Typ ein Schuldgefühl zu vermitteln, indem er ein wenig von oben herab bemerkt: »Das ist aber jetzt schon das zweite Mal, dass du früher nach Hause gehen möchtest.«

Mit diesem ersten Zug verunsichert er den Gegner in diesem Spiel, ehe er ihn für sich arbeiten lässt. Er sagt: »Na gut, aber bring mir vorher noch ein Päckchen Zigaretten herüber.« Der R-Typ tut es eilfertig. Nicht selten bezahlt er A auch noch die Zigaretten, um sich bei ihm nicht noch unbeliebter zu machen.

Ein Sieger würde nicht fragen. Er würde selbst wissen, was

er tun kann, und es tun. Er würde höchstens sagen: »Alter Junge, ich gehe heute früher weg.«

Er weiß, was er will, und lässt sich auf keinen Kampf ein. Denn zweifellos kämpft der unsichere R-Typ mit seinem Schuldgefühl, das ihm der A-Typ eingeredet hat.

Man kann sagen, dass ein Aktions-Typ nur dann ein wirklicher Sieger ist, wenn er nicht vorwiegend daran denkt, wie er das Leben anderer Menschen beeinflussen, sondern wie er sein eigenes Leben leben kann, ohne von irgendjemandem abhängig zu sein.

Reaktions-Typen leben ihr Leben horizontal und auf dem Boden. Sie bewegen sich hin und her. Sie sind überall, weil sie ständig meinen, sie könnten etwas versäumen. Immer schauen sie nach dem Neuesten aus. Kaum besitzen sie es, wollen sie schon wieder das Allerneueste.

Ein Aktions-Typ lebt vertikal. Er hat ein Ziel über sich und braucht deshalb nicht ständig links oder rechts nach den Dingen Ausschau zu halten, mit denen ihn andere von seinem Ziel ablenken wollen.

Ein Aktions-Typ, der weiß, was er will, würde sich vermutlich in einem Kleidergeschäft so verhalten:

A zum Verkäufer: »Ich suche einen Anzug. Das Sakko mit schmalen Revers und nicht zu kurz, die Hose mit Stulpen.«

Der Verkäufer: »Na ja, die Hosen trägt man aber jetzt ohne Stulpen, und die schmalen Revers sind auch nicht mehr ganz up-to-date.«

A: »Das mag schon sein. Mich aber interessiert nur, ob Sie so einen Anzug haben, wie ich ihn haben möchte.«

Der Verkäufer sagt: »Ich sehe gleich einmal nach«, und führt A zu den Anzügen. Er nimmt einen heraus, den er seinem Kunden gerne verkaufen möchte, obwohl er nicht ganz dessen Ansprüche erfüllt.

Verkäufer: »Dieser Anzug wäre Ihre Größe. Wir haben davon schon ein Dutzend verkauft. Hervorragende Qualität ...«

A nimmt dem Verkäufer das manipulative Spiel aus der Hand und übernimmt selbst das Geschehen, indem er sagt: »Ja, ja, ein guter Anzug, aber die Hose hat keine Stulpen. Auf Wiedersehen.«

Für sein Leben einen Plan zu besitzen muss aber keinesfalls heißen, dass es der richtige Plan ist. Ein Plan ist nur dann richtig, wenn er alles einschließt, was unser Leben ausmacht: unsere Stärken und Schwächen, unseren Geist und den Körper, die Arbeit und die Lebenslust, den Ort, an dem wir leben, und die Vorstellung unseres persönlichen Glücks.

Viele Menschen leben ihr Leben nach einem genauen Plan. Aber es ist ein Plan, den andere für sie gemacht haben und bei dessen Verwirklichung diese anderen immer mahnend im Hintergrund stehen.

Ihre Erpressungsformel lautet: »Wir haben uns so große Mühe gegeben, etwas für dich zu tun, jetzt darfst du uns nicht im Stich lassen.« Was sie wollen, ist nichts anderes, als jemanden mithilfe von Versprechungen abhängig zu machen.

Der Abhängige kämpft auf diese Weise einen ununterbrochenen Kampf mit dem, was er wirklich tun möchte, und dem, was ihm der Plan des anderen auferlegt.

Am Ende seiner Tage wird er resigniert sagen: »Ich habe mein ganzes Leben lang schuften müssen, da blieb mir nie wirklich Zeit für mich selbst.«

Auf diese Weise rechtfertigen viele Verlierer ihr Versagen.

Ein Sieger hingegen geht bei der Verwirklichung seines Lebensplanes in kleinen Schritten vor. Diese Strategie der kleinen Schritte ist das gut gehütete Geheimnis des wirklichen Siegens.

Das heißt: Der Sieg ist nicht erst die endgültige Erfüllung des ganzen großen Planes, sondern die Verwirklichung jedes einzelnen kleinen Schrittes dieses Planes. Ein Routinier in »Siegen, ohne zu kämpfen« nimmt stets nur einen nächsten Schritt bei der Planerfüllung in Angriff, von dem er sicher weiß, dass er machbar ist.

Einen »machbaren Schritt« zu machen bedeutet beispielsweise auch, seinen Gegner im Lebensspiel richtig einzuschätzen und daraus die richtige Schlussfolgerung zu ziehen.

Ein typisches Spielmodell kann so aussehen: A ist mit B konfrontiert.

B ist reicher, gewandter und rücksichtsloser als A.

Ein Verlierer-Typ würde sich angesichts dieser oberflächlichen Beurteilung seines Gegners gar nicht auf ein Spiel einlassen und sich noch vor dem ersten Spielzug geschlagen geben.

A jedoch erkennt alle diese Stärken seines Gegners, aber das lässt ihn kalt. Er sagt: »Ich werde eben meinen Sieg nicht schon morgen erringen, sondern erst dann, wenn ich meine eigene Stärke gegen die größte Schwäche des Gegners optimal ausspielen kann.«

Unter eingeweihten Anhängern von »Siegen, ohne zu kämpfen« nennt man diese Überlegung »Borkenkäfertaktik« oder »Viele Hunde sind des Hasen Tod«.

Die Stärke von A, die er allen Vorteilen von B gegenüber ausspielen kann, ist die Geduld, so lange warten zu können, bis sich B eine Blöße gibt. Dann muss sich der Sieg von selbst ergeben, wenn er richtig vorbereitet ist.

Der Fehler vieler Verlierer ist es, dass sie sich auf der gleichen Ebene auseinander setzen wollen, auf der ihr Kontrahent alle Trümpfe in der Hand hält. Richtig hingegen wäre es, den Gegner in jene Ebene zu locken, auf der er schlagbar ist.

Es versteht sich ganz von selbst, dass in diesem Spiel die Strategie des Verzichtens eine wichtige Rolle spielen kann. Ein schwächerer Gegner, der einen Plan besitzt und an ihn glaubt, kann sich einem weitaus Stärkeren gegenüber durchsetzen, wenn dieser von seiner Ungeduld abhängig ist. Warten zu können ist in diesem Sinne nichts anderes, als heute auf eine Entscheidung zu verzichten, um den Sieg zum richtigen Zeitpunkt mit Sicherheit zu erringen.

Dies bedeutet allerdings keineswegs, dass man einfach nur dasitzt und wartet. Ganz im Gegenteil. Es bedeutet, sich auf den Zeitpunkt der Entscheidung in kleinen Schritten maximal vorzubereiten.

Wie man sieht, spielt es in »Siegen, ohne zu kämpfen« nicht die geringste Rolle, wie stark, reich oder einflussreich ein Gegner ist. Entscheidend ist vielmehr:

- Wie gut man sich selbst und den Gegner kennt.
- Wie entschlossen man ist, sein Ziel zu erreichen.
- Welchen Plan man hat.
- Dass man diesen Plan in kleinen machbaren Schritten verwirklicht.

Wer diese Voraussetzungen erfüllt, braucht nicht zu kämpfen. Noch mehr: Es wäre für ihn völlig unsinnig, sich mit einem überlegenen Gegner mit dessen Waffen zu messen, statt die eigene Überlegenheit zu nützen.

Diese unschlagbare Überlegenheit besteht in der Beherrschung der 13 Strategien von »Siegen, ohne zu kämpfen«, die dem Leser hier noch einmal ins Gedächtnis gerufen werden:

1. Die Strategie des Lebens im Jetzt.
2. Die Strategie des Verzichtens.
3. Die Strategie des Mobilisierens der eigenen Kräfte.
4. Die Strategie des Handelns ohne Schuldgefühle.
5. Die Strategie der harmonischen Einheit.
6. Die Strategie des inneren Spiels.
7. Die Strategie, jeden Angriff ins Leere zu lenken.
8. Die Strategie des Wartens ohne Angst.
9. Die Strategie der eigenen Wahrheit.
10. Die Strategie der Ruhe in der Bewegung.
11. Die Strategie der einen Chance.
12. Die Strategie des Urteils ohne Vorurteil.
13. Die Strategie des großen Plans und der kleinen Schritte.

Die endgültige Ermunterung zum Siegen, ohne zu kämpfen

Dem aufmerksamen Leser dieses Buches wird nicht entgangen sein, dass »Siegen, ohne zu kämpfen« nichts anderes ist als die Erhebung des gesunden Egoismus zur fortschrittlichen Lebenskunst. In einer Zeit der zunehmenden Nivellierung nach unten gibt es für den Einzelnen nur zwei Möglichkeiten, sein Leben zu führen:

1. Er ordnet sich ein und unter.
2. Oder er entdeckt sich selbst, wirft allen Ballast über Bord und holt aus dem Rest seines Lebens für sich den größten Spaß heraus.

Aus seinem Leben den größten Spaß, die höchste Erfüllung, das schönste Glück und die maximale Freiheit zu gewinnen lässt keine schwachen Kompromisse zu. Nur wirkliche Sieger sind dazu im Stande, die für das größte Ergebnis den höchsten Einsatz leisten.

Die sieben Siegesvorstellungen, sechs Widerstände und dreizehn Strategien, die auf den vorangegangenen Seiten vorgestellt werden, dienen nur der einen Absicht: darzulegen, welche Voraussetzungen erforderlich sind, die höchste Form des Siegens zu erlernen, des Siegens ohne Kampf.

Der Grundgedanke lautet: Ein Sieger siegt aus sich selbst, für sich selbst und gegen sich. Wer sich auf Kampf einlässt, kämpft nur für andere gegen andere. Wer diese Gedanken nicht versteht, sollte sich vorerst mit der traurigen Tatsache abfinden, dass ihm die Lektüre dieses Buches keinen wirklichen Nutzen gebracht hat. Es liegt an ihm, ob er aufgibt oder es noch einmal ganz von vorne versucht.

Es gibt keine Gesetze oder Rezepte dafür, wie das Lebensspiel zu spielen ist. Das vorliegende Buch ist nur ein unvollkommener Versuch, etwas zu beschreiben, was nur jeder Einzelne in sich selbst intuitiv erfassen kann.

Dies ist der Grund dafür, dass hier keine Wahrheiten oder allgemein gültigen Anleitungen erscheinen, wie etwas gemacht zu werden hat. Was vorliegt, ist nichts weiter als das Protokoll des faszinierenden Abenteuers, einige grundlegende Fragen unseres Lebens zu Ende zu denken und daraus praktische Schlussfolgerungen zu ziehen.

Das Ergebnis dieses Versuches rechtfertigt die Ermunterung an alle interessierten Leser: Machen Sie sich auf den Weg in sich selbst, um dort die natürlichen Rohstoffe für die Sinngebung Ihres Lebens zu schürfen.

Was immer wir in uns entdecken, wird am Lauf der Welt nichts ändern. Aber genügt es nicht, wenn wir in Zukunft nicht mehr kämpfen wie die Verrückten und uns nicht mehr erpressen lassen?

Es mag schon sein, dass uns der eine oder andere Streich zu Boden streckt. Aber was bedeutet das schon für einen Menschen, der im Sterben keine Niederlage mehr sieht?

Ein Leser, der darauf aus ist, Kritik zu üben, wird hier manche Widersprüchlichkeit finden. Aber mit diesem Buch verhält es sich ähnlich wie mit jemandem, der die Kunst von »Siegen, ohne zu kämpfen« beherrscht: Er lebt mit allen seinen Fehlern in Harmonie. Das ist die Kraft der Kraftlosigkeit, die Mauern nicht mit dem Schlaghammer sprengt, sondern dadurch, dass sie in die Ritzen sickert.

Um ganz deutlich zu werden: Wer dieses Buch kritisiert, ist selbst schuld daran, wenn er nach einer Entschuldigung dafür suchen muss, dass er von seinem Inhalt nichts, aber auch gar nichts verstanden hat.

Es mag bei dem einen oder anderen Leser der Eindruck entstanden sein, es gebe so etwas wie eine weltweite Vereinigung der kampflosen Sieger. Es mag schon sein, dass es sie gibt. Aber wer darin Mitglied werden möchte, ist von diesem Augenblick an schon kein Sieger mehr. Denn wie wir wissen, sind es nur Verlierer, die jemand anderen brauchen, um sich darin zu bestätigen, was sie für sich als richtig erkannt haben.

Wer kämpft, braucht Mitstreiter, mit denen er die Beute teilen muss. Wer den Kampf vermeidet, erntet den Sieg allein.

Nachwort

Es ist großartig, im Leben ein paar Freunde zu haben. Aber nach dem Prinzip von »Siegen, ohne zu kämpfen« sind wirkliche Freunde nur solche, denen man nichts schuldet.

Es gibt deshalb keinen Grund für den Autor, sich bei irgendjemandem zu bedanken. Ein paar Leute wissen ganz genau, was sie zum Gelingen dieses Buches beigetragen haben. Sie alle gehören zur Kategorie der Sieger. Sie brauchen also weder Lob noch Dank, um darin bestätigt zu werden, was sie selbst längst wissen: wie großartig sie sind.

224 Seiten, ISBN 3-7766-2189-3

Josef Kirschner

Das Egoisten-Training

»Zuerst ich, dann die anderen«

In sieben Übungen weist Josef Kirschner den Weg zu einem freien und glücklichen Leben der Selbstbestimmung. Er zeigt, wie man die Bevormundung durch die Gesellschaft über-winden kann, um als gesunder Egoist das Leben zu führen, das man immer schon führen wollte.

Herbig

Ruediger und Margit Dahlke
Die Psychologie des blauen Dunstes

Jedes Krankheitssymptom hat seine Be-Deutung und damit eine Botschaft für den Betroffenen – auch das Rauchen. Die Autoren entwickeln Konzepte, die den unterschiedlichen Rauchertypen den Weg aus der Nikotin-Sucht, den Rückweg in die Freiheit, sichtbar machen.

Ruediger Dahlke
Gewichtsprobleme

Jeder zweite Deutsche ist übergewichtig. Der Autor erläutert hier die verschiedenen Bedeutungsebenen von Übergewicht und Untergewicht – vom Isolationspanzer bis zum Kummerspeck. Das Buch führt zu einer neuen Haltung gegenüber den eigenen Pfunden.

Knaur
MensSana

Ruediger Dahlke
Herz(ens)probleme

Hinter Herzerkrankungs-Diagnosen verbergen sich Krankheitsbilder mit einer bestimmten Aussagekraft. Themen wie Rhythmus, Lebenskraft und -spannung, Offenheit und Liebe zeigen die enge Beziehung von Herzenskraft und Herzlichkeit, von Körper und Seele.

Ruediger Dahlke
Verdauungsprobleme

»Mir stinkt's!« Der Volksmund weiß oft mehr über die Bedeutung unseres Magen-Darm-Trakts und seine Funktion für die seelische Befindlichkeit. Aus den Symptomen des Körpers kann man lernen – wenn man es versteht, dessen Botschaften zu entschlüsseln.